AF389039

LES THÉATRES

DE LA

PLACE DU CHATELET

LES
THÉATRES
DE LA PLACE DU CHATELET

THÉATRE DU CHATELET — THÉATRE-LYRIQUE

CONSTRUITS D'APRÈS LES DESSINS ET SOUS LA DIRECTION DE M. GABRIEL DAVIOUD, ARCHITECTE,

PUBLIÉS

SOUS LE PATRONAGE ET AVEC LE CONCOURS DE LA VILLE DE PARIS

PAR MM.

CÉSAR DALY | **GABRIEL DAVIOUD**

Architecte, Directeur de la *Revue générale de l'Architecture* et des *Travaux publics*.

Architecte, Inspecteur général des travaux d'Architecture de la ville de Paris.

PARIS

LIBRAIRIE GÉNÉRALE DE L'ARCHITECTURE

ET DES TRAVAUX PUBLICS

DUCHER ET Cⁱᵉ

ÉDITEURS DE LA SOCIÉTÉ CENTRALE DES ARCHITECTES

51, RUE DES ÉCOLES, 51

THÉATRES

DE LA

PLACE DU CHATELET

AVANT-PROPOS.

I. — *Des monuments qui ont caractérisé les civilisations précédant la nôtre.*

LE théâtre était absolument inconnu de la haute antiquité, et, sans prétendre tracer ici une esquisse de l'histoire théâtrale, on peut cependant se demander comment le théâtre est venu à naître, sous quelles influences et à quelle période du développement social il est apparu, et enfin quelle place il occupe, historiquement, dans la série des monuments successivement créés par l'art architectural.

Comment le théâtre est né? Les cérémonies religieuses furent les spectacles des vieux Égyptiens ; l'autel de Bacchus fut le berceau du théâtre grec ; les fêtes et cérémonies de l'Église catholique furent l'origine de notre théâtre moderne, et aujourd'hui encore, au Japon, les représentations scéniques conservent les traces évidentes de leur origine sacrée. En Orient comme en Occident le *Théâtre* est sorti du *Temple*.

A quelle période du développement social apparaît le Théâtre? et quelle place occupe-t-il, historiquement, dans la série des monuments successivement créés par l'art architectural? Au fond, ces deux questions n'en font qu'une seule ; mais on ne saurait y répondre d'un mot, quelques développements sont nécessaires.

La marche, le vol, la nage, ne s'accomplissent qu'au prix d'efforts répétés ; l'intelligence ne se développe qu'à force d'observations et de réflexions, c'est-à-dire par le travail ; le sentiment s'élève et grandit par la pratique du bien, c'est-à-dire par un combat contre soi-même, par le sacrifice. Tout progrès, qu'il soit physique, intellectuel ou moral, naît donc d'une lutte ; c'est une victoire. L'homme porte en lui deux lutteurs éternels : son Sentiment avec son auxiliaire l'imagination, et sa Raison avec son auxiliaire l'expérience. Il est dominé alternativement par l'une ou par l'autre de ces deux puissances. Leur parfait accord est un phénomène plein de grandeur, mais on le rencontre trop rarement.

Ce que nous disons ici de l'homme isolé est également vrai pour la société.

A la domination du Sentiment correspondent, dans la société comme dans l'individu, le règne de l'idéalité et les inspirations de la foi ; à la domination de la Raison correspondent le règne de la réalité et les recherches positives de la science. C'est pendant l'enfance et la jeunesse de l'homme, des peuples et des civilisations que le sentiment domine ; c'est à la suite des longues expériences de la vie que la raison scientifique et l'amour de la réalité tendent à s'emparer de l'autorité. Ce qui explique pourquoi c'est pendant leur jeunesse surtout que les nations élèvent les temples, expressions de leur foi, et dans leur vieillesse qu'elles bâtissent les théâtres, instruments de leur plaisir.

Resserrer le lien social et pourvoir ensuite à la défense commune contre les attaques venant de l'extérieur, telles sont les premières nécessités de toute société humaine. Mais le lien social par excellence c'est la religion. Voici pourquoi. La religion est, d'une part, l'histoire entière et l'analyse philosophique le démontrent, le résumé complet des principes, des sentiments et des besoins communs aux membres d'un même groupe social ; et, d'autre part, par ses traditions et sa doctrine, le lien qui rattache le plus énergiquement entre elles la génération vivante et ses devancières. La religion est donc à la fois le lien commun des contemporains et celui des générations successives ; la religion crée l'unité sociale dans l'espace et dans le temps [1]. On comprend dès lors que le premier monument exprimant un sentiment collectif ou social a dû être et a été effectivement un monument religieux. L'art de fortifier les places n'étant que la contre-partie de l'art de les attaquer, et tous deux relevant plus de la raison que

---

1. Aussi, historiquement, le doute et le scepticisme religieux accusent-ils invariablement la décadence d'une civilisation. Et le fait s'explique logiquement, puisque le doute et le scepticisme révèlent la décomposition de la synthèse doctrinale formant l'unité intellectuelle et morale du groupe social.

Pour le développement de ces idées et l'étude de leur influence sur l'architecture historique et contemporaine, voir le texte de nos « *Motifs historiques d'Architecture*, etc. » (2 vol. in-fol.), et dans la *Revue générale de l'Architecture et des Travaux publics* mon article intitulé : « *L'Architecture de l'avenir*, » (vol. XXVII, col. 10). Voir aussi et surtout mes deux conférences, prononcées à Paris, pendant la session de 1873, à la réunion des « Conférences nationales de la Société centrale des Architectes. »

du sentiment, c'est-à-dire de la science que de l'art, il a fallu attendre longtemps pour voir la fortification se développer dans sa voie véritable, et on a dû accepter, en attendant, plutôt l'expression esthétique de difficultés physiques invincibles que ces difficultés elles-mêmes, telles que la science a su ensuite les créer. Un grand développement d'idéalité et d'art religieux caractérise le mouvement ascendant des civilisations et s'exprime par *le temple*; le mouvement descendant voit éclore de plus en plus l'esprit positif et les œuvres de réalisme, que représentent si bien, de nos jours, *le théâtre* au point de vue esthétique, et la gare et la fortification au point de vue de la science appliquée. Dans les anciennes sociétés hiératiques, égyptienne, juive, indienne, mexicaine, etc., où le prêtre dominait, où il était souvent roi et pontife, législateur et juge, le guide et l'inspirateur des savants et des artistes, lui-même souvent artiste et savant ; dans ces sociétés primitives où les grands pouvoirs étaient concentrés dans les mains des représentants de la religion, c'était l'autel ou le temple, parmi les œuvres visibles créées par le travail humain, qui exprimait avec la plus grande puissance de concentration l'état du développement intellectuel et moral. Mais, nous l'avons déjà dit, du temple sort tôt ou tard le théâtre. Chez les Grecs, en effet, le culte de Bacchus donna naissance au théâtre, et l'on voit encore à Athènes l'autel du dieu placé au-devant de la scène du théâtre qui porte son nom. Chez les Romains de la République, grands constructeurs de temples à l'aurore de leur grandeur, les jeux de la scène sont regardés avec défaveur ; mais chez les Romains de l'époque impériale, à la suite de l'affaiblissement général des mœurs et des croyances religieuses, pendant la décadence, l'art théâtral, les jeux et les spectacles de tous genres prennent au contraire un immense développement. Les *Théâtres* et les *Cirques* (monuments de plaisir), les *Aqueducs* et les *Thermes* (monuments d'hygiène et d'utilité), et les *Routes* avec leurs *Ponts* (indispensables instruments des Césars pour dominer, administrer et unifier le vieux monde) sont alors les œuvres les plus importantes de l'art architectural, se donnant pour but, non plus d'honorer les dieux et de fortifier le lien moral de la nation, mais de satisfaire les besoins physiques et les fantaisies du peuple romain, et d'assurer sa force et sa souveraineté sur les autres peuples. A l'austère idéalité primitive s'est substitué un réalisme parfois brutal, se développant parallèlement avec les hautes spéculations philosophiques qui achèvent de détruire la vieille foi, tout en élaborant les principes qui gouverneront la civilisation moderne.

L'histoire des peuples chrétiens et de leur architecture révèle la même loi de développement que celle que nous venons de reconnaître dans l'histoire de l'antiquité gréco-romaine. La phase ascendante est religieuse, la phase descendante laïque, et l'architecture exprime fidèlement les caractères des deux phases : par les églises de la première période, et les théâtres, gares et usines de la deuxième. Esquissons rapidement cette histoire.

Au moyen âge, c'est l'*Église* et le *Château fort*, la croix et l'épée, qui dominent par-dessus les cités et les hameaux ; c'est l'époque féodale. La Renaissance, période royale et aristocratique, fait éclore des palais somptueux, et les villes ne tardent pas à se remplir d'hôtels magnifiques. Aujourd'hui nous construisons toujours des *Églises*, mais les églises modernes n'ont ni la majesté ni l'ampleur de celles qui furent élevées par les mains pieuses de nos ancêtres. Les *Sainte-Trinité* et *Saint-Augustin* du nouveau Paris ne rivalisent pas avec la Notre-Dame du Paris ancien, ni avec celles de Chartres, d'Amiens ou de Reims, avec l'église de Sainte-Cécile d'Albi ou celle de l'Abbaye-aux-Hommes de Caen. Et quant aux *Châteaux forts*, on n'en fait plus qu'en moellon et plâtre peint, pour l'agrément rural des amateurs du pittoresque. Le vrai génie militaire a aujourd'hui des allures moins héroïques quoique réellement plus terribles qu'autrefois. Au lieu de lancer de hautes tours dans les airs, ses constructions s'aplatissent sur le sol et se dissimulent à la vue ; elles semblent ramper comme la bête fauve au lieu de planer comme l'aigle dans les airs. C'est œuvre de science et non plus œuvre de beauté.

Des progrès de la science moderne est née une *Industrie* colossale, dont les produits variés sont répandus en tous lieux par un *Commerce* également immense. Si donc l'on veut savoir de quel côté se dirige le courant de l'art moderne, qu'on consulte les édifices créés sous l'inspiration des deux grandes divinités contemporaines : l'*Industrie* et le *Commerce*. Il en est deux qui se font tout particulièrement remarquer : la *Gare* et le *Théâtre*.

Depuis quelques années, en effet, il s'élève au sein de nos cités un monument nouveau, étrange, immense ; un monument qui offre quelque chose de mystérieux aux yeux des vieux architectes nourris du lait classique de l'antiquité, comme pour ces jeunes vieillards qui ne sentent battre leur cœur qu'en présence des œuvres nationales que recouvre la rouille des siècles. Ceux-ci comme ceux-là contemplent avec inquiétude cet enfantement du génie architectural moderne ; car tout est nouveau en lui, et bien des choses, encore à l'état d'embryon, offrent plutôt des promesses que des accomplissements. Pour l'artiste perdu dans le vieux et profond sillon de la routine, c'est un monument plein de menace pour l'art. Les matériaux dont il est bâti, au lieu d'être simplement arrachés des entrailles de la terre ou du sein des forêts, sortent pour la plupart de nos usines. Ces nouveaux éléments constitutifs du monument supposent une société merveilleusement organisée, savante et maîtresse de puissantes industries ; ils sont ensuite réunis et groupés en raison de leur nature propre et non plus en vertu de traditions antiques ou autres ; ils obéissent dans leurs divers modes d'assemblage à des lois scientifiques inconnues des vieux maîtres. Ce monument nouveau, ce symbole naissant d'une société naissante, d'une société qui mettra sa gloire et son honneur dans le *travail*, comme ses devancières ont mis les leurs dans la *macération* et dans la *guerre*, c'est la *Gare du chemin de fer*, la plus haute expression monumentale et artistique du génie industriel et commercial qui caractérise si spécialement l'époque où nous sommes.

L'industrie et le commerce tendent à substituer partout la richesse à la pauvreté, le bien-être à la souffrance, l'abondance à la privation. Et avec la richesse vient le *Luxe*, dont l'Art seul peut ennoblir les jouissances. Architecturalement c'est le *Théâtre*, ce merveilleux résumé, ou plutôt cette concentration de toutes les puissances modernes de l'art, qui est l'image la plus complète de cette tendance de la société moderne.

L'industrie et le commerce préparent donc des voies nouvelles à l'Art. L'opinion contraire est cependant si générale qu'il importe de combattre cette erreur. L'industrie et le commerce tendent d'abord, comme nous l'avons dit, à créer la richesse et le luxe, et par suite donnent à l'art lui-même une impulsion forte et d'un caractère tout spécial. C'est là le premier fait à constater. Voici le second : le travail appelle le repos; après l'effort la détente; la *gare du chemin de fer* appelle le *théâtre*. La gare c'est l'effort et la fatigue; le théâtre c'est la jouissance et le délassement; c'est aussi la plus haute invocation moderne adressée au génie des arts et l'œuvre la plus éblouissante et la plus synthétique de ce génie.

Après cet aperçu rapide du mouvement de développement des sociétés, et de l'expression architecturale de ce mouvement, plus d'un lecteur aimerait à trouver une histoire détaillée des origines et des progrès successifs du théâtre français, au double point de vue social et architectural; mais l'ouvrage que nous publions aujourd'hui a pour but spécial la description des deux théâtres de la place du Châtelet; aussi, après l'esquisse qui nous a permis de mettre le théâtre à son rang parmi les autres monuments, et de marquer sa place spéciale dans le mouvement architectural de chaque civilisation, devons-nous nous borner maintenant à une dernière et rapide étude qui aura pour objet de montrer le progrès du théâtre à Paris depuis notre grande révolution — qui ferme un monde et en ouvre un autre — et la place des théâtres du Châtelet dans la série des théâtres actuellement existant dans la grande cité.

II. — *Des théâtres de Paris depuis 1789.*

— En 1789, il y avait à Paris huit théâtres : l'*Opéra*, le *Théâtre-Français*, celui des *Italiens*, l'*Ambigu-Comique*, les *Variétés*, les *Grands Danseurs*, les *Beaujolais*, le *Combat des Taureaux* et le *Cirque d'Astley*.

Leur nombre s'éleva à trente-deux en 1792, au lendemain du décret qui permettait à chacun d'élever un théâtre où bon lui semblerait.

Vers 1800, il y avait dix-huit théâtres réguliers et nombre de théâtres d'amateurs. Outre l'*Opéra*, *Favart*, *Feydeau*, l'*Odéon*, *Louvois*, on comptait :

Le *Vaudeville* ou théâtre de la rue de Chartres, élevé par *Lenoir du Romain* en 1784, sous le nom de Panthéon, pour une salle de danse, et converti par lui en théâtre vers 1790. Pour la première fois fut adoptée dans cette salle la disposition qui relève suffisamment

le plancher du parterre pour permettre un passage en dessous donnant accès aux voitures, et l'emploi, au pourtour extérieur du théâtre, de boutiques et d'entresols loués à des particuliers;

Les *Variétés*, logées primitivement dans une salle appartenant au Palais-Royal, où avaient figuré les acteurs enfants appelés Beaujolais, et reportées par la Montansier aux boulevards, sur l'emplacement actuel, sous la direction de l'architecte *Célerier*;

L'*Ambigu*, qu'Audinot fit élever également par *Célerier*, à l'angle de la rue de Bondy, pour ses bamboches ou marionnettes, et que le même architecte agrandit en 1785, remaniement suivi d'une restauration en 1820;

La *Gaîté*, où le fameux Nicolet établit en 1760 les *Grands Danseurs*, située sur le boulevard du Temple et qui fut rebâtie en 1808 par *Peyre*.

Autour de ces théâtres s'étaient groupées plusieurs salles de moindre importance :

Les *Jeunes Artistes*, bâtis en 1790, par *Sobre*, au coin de la rue de Bondy;

Sans Prétention, depuis *Funambules*, au boulevard du Temple;

Le *Petit Lazzari*, élevé par *Henri*, pour les élèves de l'Opéra, au boulevard du Temple, et d'autres encore dont la liste serait trop longue.

Plus tard, le *Cirque d'Astley* fut transformé par Franconi en un théâtre qui vit les premières pièces militaires et les premières féeries, et qui était situé au boulevard du Temple; le *Panorama dramatique* fut bâti dans le voisinage par *Vincent* et *Châtelain* en 1821; c'est dans ce dernier que l'on fit l'essai, jugé malheureux, d'un rideau tout en glaces.

Le *Gymnase* fut construit en 1820 par *Rougerin* et *Guerchy*, sur le boulevard actuel; puis s'élevèrent la salle des *Italiens*, la salle *Chantereine*, etc., etc., enfin le *Théâtre Historique*, nouvel hôte du boulevard du Temple.

On remarquera que la plupart des théâtres de second ordre étaient venus successivement s'établir sur un même point de la ville, au boulevard du Temple. Ce boulevard était situé sur l'ancien emplacement des fossés de la ville comblés et devenus la promenade du beau monde habitant les hôtels voisins du Marais, alors quartier de la noblesse.

Fixés sur ce point ils y demeurèrent et formèrent peu à peu un quartier d'une physionomie toute particulière, très-animé, très-vivant à ses heures, qui prit le nom de *boulevard du Crime*. Vaste, silencieux le jour, aux premières heures de la nuit la foule s'y précipitait : public très-varié de théâtres si divers. Aux entr'actes, toutes les portes de ces façades illuminées dégorgeaient au milieu de la paisible population du quartier, attirée et curieuse, la multitude bruyante, tumultueuse, respirant avidement, au sortir de ces salles enfumées, l'air plus frais des boulevards, et mêlant son incessant bourdonnement au tintement enragé des sonnettes de marchands ambulants. Coin perdu, quartier disparu d'un Paris déjà ancien, qu'ont peine à se rappeler ceux mêmes qui l'ont connu. Troué de toutes parts par les nouvelles percées, il a été emporté par lambeaux.

Le Paris moderne a voulu se refaire, sur un autre point, son quartier de théâtres. De nouvelles constructions plus vastes, plus riches, se sont élevées, auxquelles, pour conserver le souvenir de ce petit monde disparu, on a voulu maintenir les noms des théâtres détruits en les affectant à de nouvelles constructions théâtrales [1].

1. Il y a aujourd'hui à Paris quarante-sept théâtres, qu'on peut classer comme il suit :

1° THÉATRES DE CHANT :

Opéras. Opéras-comiques.

Théâtre de l'Athénée. — Théâtre-Italien. — Théâtre-Lyrique. — Théâtre de l'Opéra. — Théâtre de l'Opéra-Comique.

Opéras-bouffes. Opérettes.

Théâtre des Bouffes-Parisiens. — Théâtre des Folies-Dramatiques. — Théâtre de la Renaissance. — Théâtre des Folies-Nouvelles (Déjazet). — Théâtre des Variétés.

2° COMÉDIE, DRAME, TRAGÉDIE :

Théâtre de Cluny. — Théâtre-Français. — Théâtre du Gymnase. — Théâtre de l'Odéon. — Théâtre du Vaudeville.

3° PIÈCES A GRAND SPECTACLE, FÉERIES :

Théâtre du Château-d'Eau. — Théâtre du Châtelet. — Théâtre de la Gaîté (drames lyriques). — Théâtre de la Porte-Saint-Martin.

4° DRAMES POPULAIRES :

Théâtre de l'Ambigu-Comique. — Théâtre Beaumarchais. — Grand-Théâtre Parisien. — Théâtre Saint-Pierre.

5° VAUDEVILLE, GENRE :

Théâtre des Délassements-Comiques. — Théâtre des Folies-Marigny. — Théâtre des Menus-Plaisirs. — Théâtre du Palais-Royal (genre spécial dit « Palais-Royal. »

6° DIVERS :

Nota. — Nous classons sous cette dénomination une série de théâtres dont la plupart sont d'ordre très-secondaire et ne sont affectés à aucun genre spécial.

Théâtre des Batignolles. — Salle Beethoven. — Théâtre de Belleville, Cirque d'été (exercices équestres). — Cirque national ou d'hiver (exercices équestres). — Théâtre Clevermann (prestidigitation). — École lyrique. — Théâtre des Folies-d'Athènes. — Théâtre des Folies-Bergère. — Théâtre des Folies-Bobino. — Théâtre des Funambules (pantomime). — Théâtre de Grenelle. — Théâtre des Gobelins. — Théâtre Molière. — Théâtre Montparnasse. — Théâtre de Montmartre. — Théâtre Rossini. — Théâtre de la Villette. — Théâtre Séraphin (ombres chinoises). — Salle Saint-Laurent. — Salle Labourdonnaye.

La banlieue de Paris compte six théâtres : ceux d'Asnières, d'Enghien, de Saint-Denis, de Saint-Cloud et de Sceaux.

Disons, pour compléter cette liste, que les *cafés-concerts* de Paris sont au nombre de 127, ceux de la banlieue au nombre de 7. On compte à Paris 246 *bals publics* et 131 dans la banlieue.

Mais ce n'est pas de la transformation et de la translation générale des théâtres de Paris, dues aux travaux de rénovation de la grande cité, que nous avons à nous occuper ici, mais de ce qui est relatif aux théâtres de la place du Châtelet. C'est de la description de ces deux monuments que nous allons nous occuper, en nous aidant des renseignements que nous tenons de leur auteur, M. Davioud, se rapportant principalement à l'histoire des travaux exécutés par lui.

III. — *Divisions observées dans notre description.*

Voici la division du travail que nous poursuivons :

Chap. I. *L'Historique* des origines des théâtres de la place du Châtelet, de la rédaction du programme et des conditions et circonstances de l'exécution ;

Chap. II. *Accès et Dégagements* des deux édifices (entrées diverses, contrôle, escaliers, couloirs, etc., etc.) ;

Chap. III. *La Salle*, envisagée au double point de vue de l'optique et de l'acoustique. — Description des salles des deux théâtres de la place du Châtelet ;

Chap. IV. *La Scène* : planchers, machinerie, magasins de décors et d'accessoires, et services intérieurs (loges et foyers d'artistes et bureaux d'administration) ;

Chap. V. *Éclairage* des deux théâtres ;

Chap. VI. *Chauffage et ventilation* des deux théâtres, précédé de l'historique des études faites à ce propos. — Sur ce chapitre spécial, nous avons reçu d'importantes communications de M. le général Morin ;

Chap. VII. *Conclusion.*

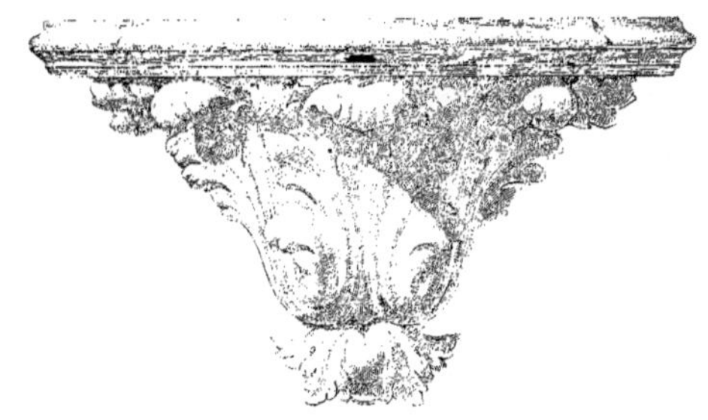

CHAPITRE PREMIER.

HISTORIQUE.

I. — *Faits préliminaires.*

Vers 1859, M. le baron Haussmann, déjà engagé dans l'œuvre de transformation du vieux Paris, conçut l'idée d'ouvrir, au travers de l'ancien boulevard du Temple, le nouveau boulevard du Prince-Eugène. Cette percée supprimait le groupe de théâtres qui successivement s'étaient agglomérés en ce point; et avec eux, Paris allait voir disparaître la source la plus féconde des plaisirs relevés qu'il peut offrir, et, par suite, le travail qu'ils alimentent et les ressources qu'il sait en retirer. Le préfet de la Seine comprit que ses théâtres étaient pour Paris un besoin, et qu'on ne pouvait détruire ceux du boulevard du Temple qu'à la condition de les reconstruire ailleurs.

Certes, il était difficile de retrouver un emplacement aussi favorisé que celui où, pour ainsi dire d'instinct, s'étaient portés le *Théâtre historique*, le *Cirque*, la *Gaîté*, entourés d'autres salles secondaires. Par les anciens boulevards, ils étaient en communication avec les quartiers élégants de Paris, et en même temps ils se trouvaient voisins du Marais, quartier du commerce et de la bourgeoisie, ainsi que des faubourgs populaires.

Le baron Haussmann, en ouvrant les boulevards de Strasbourg, de Sébastopol, le prolongement de la rue de Rivoli, etc., avait voulu déplacer le centre de gravité de la population : à la rencontre de ces grandes voies allait se reconstituer un foyer nouveau d'activité. A ce point de rencontre devaient se transporter les nouveaux théâtres (Voy. *fig.* 1).

Ainsi réunis, ils rappelleraient par leur agglomération l'ancienne et logique originalité de ce qu'on appelait le *boulevard du Crime*, et l'on savait que cette agglomération, loin de créer une concurrence nuisible, était conforme aux intérêts mêmes des entreprises théâtrales. Le public, attiré par le succès d'une pièce en vogue, aime à savoir que dans le cas où il trouverait toutes les places occupées, les salles voisines de la scène inabordable lui offriront des compensations. Tel, qui est parti de chez lui comptant sur un agréable emploi de sa soirée, se résignerait difficilement à trouver porte close, et, s'il lui fallait en pareil cas rentrer au logis, il ne s'exposerait pas souvent à semblable déconvenue.

Les habitudes sont prises : la clarté joyeuse, la vive animation des quartiers peuplés de théâtres attirent la foule. Plus encore que tout autre commerce, les théâtres doivent une large part à ce qu'ils appellent le casuel, au passant attiré, aux gens inoccupés ou indécis qui trouvent sur leur passage l'emploi de leur soirée; ils savent combien sont nombreux les appelés de la dernière heure. Bien rares sont, au contraire, ceux qui, de parti pris à l'avance, après mûre délibération, sont de nature

Échelle de 0m,001 pour 100 mètres.

Fig. 1. — Plan-squelette de la partie de Paris où se trouvent les nouveaux théâtres.

assez persévérante pour aller chercher au loin, dans un quartier paisible et sombre, un théâtre solitaire.

Ce fut en tenant compte de ces habitudes et de ces mœurs parisiennes que, dans l'esprit du préfet, devait se créer un groupe comprenant : sur la place du Châtelet deux théâtres se faisant vis-à-vis, au square des Arts et Métiers le théâtre de la Gaîté, et sur le boulevard du Palais, à droite et à gauche de la caserne de la garde municipale, deux nouveaux théâtres de genre.

Sur cette large avenue bordée de squares, coupée de vastes et nombreux débouchés, qui du boulevard Saint-Denis descend à la Seine en traversant un des quartiers les plus centraux et les plus brillants de la ville, allait se dérouler cette chaîne de théâtres, ajoutant leur éclat et leur animation à l'éclat et à l'animation du Paris nouveau.

Ces théâtres devaient être de véritables monuments. Plus de ces constructions provisoires faites de plâtras, lézardées et ventrues, dont les étroites et maigres façades cachaient mal leur misère sous quelques oripeaux ; véritables dédales d'humides couloirs débouchant sur des salles poudreuses et étouffées. Les édifices que la Ville allait élever seraient dignes d'elle, solidement construits, richement décorés ; le public devait y circuler librement, par de larges accès, séjourner à l'aise dans des salles vastes, bien éclairées, et que le concours de tous les progrès de nos modernes industries devait rendre agréables et commodes.

On conçoit que dans de pareilles conditions la dépense devait être considérable ; aussi fallait-il chercher quelque combinaison qui permît de rendre plus productive la destination de l'édifice.

En premier lieu fut reprise une idée émise autrefois par un banquier, M. Place, et un architecte, M. Charpentier. Dans un projet de théâtre à établir sur l'emplacement actuel du *Théâtre-Lyrique*, présenté par eux, une partie de l'édifice : les rez-de-chaussée extérieurs et la plus grande partie de la façade, était consacrée à des cafés et des magasins, et la location de ces dépendances du théâtre pouvait devenir une source importante de revenus.

Cette idée était bonne en elle-même. On peut admettre que les parties basses d'un théâtre, les galeries qui l'entourent, puissent être attribuées à l'établissement de cafés et de restaurants, à la vente de gants, de fleurs, d'objets de toilette, de lorgnettes, de livres, de journaux, de fruits, de confiseries, d'éventails, de ces mille objets dont le spectateur peut avoir besoin, qu'il peut avoir oubliés et regretter, soit en entrant au théâtre, soit pendant la représentation ou à la sortie. Le voisinage du théâtre était pour ces magasins une clientèle assurée ; leur présence pouvait contribuer à animer l'aspect du théâtre, par les lumières, le coup d'œil des boutiques et le mouvement du public.

Si le théâtre n'est point garni de ces boutiques qui entretiennent à l'entour une animation constante, les soirs où il ne donne pas de représentation, ses murs sombres et déserts peuvent devenir le rendez-vous de ces passants qui recherchent l'ombre et la solitude. Au point de vue de l'hygiène, de l'agrément, de la commodité du public, de l'utilité et de l'économie financière, cette disposition pouvait offrir de sérieux avantages.

Toutefois on voulut aller plus loin. Il fut décidé que les nouveaux théâtres seraient entourés de constructions privées, véritables maisons de rapport, dont les rez-de-chaussée seraient occupés par des boutiques et dont les étages supérieurs seraient divisés en appartements loués à des particuliers.

La construction des théâtres de la place du Châtelet devant être réalisée la première, le baron Haussmann avait chargé M. G. Davioud, architecte de la Ville, de dresser dans le plus bref délai le projet des deux édifices à construire sur cette place. Le premier était destiné au *Cirque national*: la salle devait contenir 3.000 personnes environ et la scène se prêter aux exigences de représentations féeriques ou militaires. L'autre était affecté au théâtre qui s'appelait déjà, à cette époque, du nom de *Théâtre-Lyrique*: la salle devait être disposée pour 1.700 spectateurs et la scène être agencée pour des représentations lyriques.

Dès que les projets furent suffisamment étudiés, ils furent mis sous les yeux des directeurs de ces deux théâtres. Le prix de location de chacune des salles fut débattu avec eux et fixé d'un commun accord. En ajoutant à ce prix celui de la location des boutiques et magasins et des habitations privées qui surmontaient ceux-ci, on connaissait le revenu total que pourrait fournir l'immeuble et, en capitalisant ce revenu à 5 0/0, la valeur totale que représentait cet immeuble. La valeur des terrains occupés étant déduite de ce total, la différence représenta le chiffre de la dépense que la Ville pouvait attribuer à l'ensemble des constructions à élever.

Telle fut la combinaison d'édilité qui permit de procéder aux travaux de voirie projetés pour le boulevard du Prince-Eugène, en évitant les dépenses considérables que devait entraîner l'expropriation du *Théâtre-Lyrique* et du *Cirque*. Ces derniers ne devaient être déplacés que le jour où les locaux nouveaux destinés à les recevoir seraient entièrement achevés, et la troupe pouvant ainsi se transporter, du jour au lendemain, de sa scène actuelle dans la nouvelle, aucune indemnité n'était due à l'entreprise. La Ville faisait l'avance des fonds nécessaires à la reconstruction, mais s'assurait un placement de ces fonds à 5 0/0.

Enfin, par une dernière mesure, la combinaison fut soustraite à toute chance d'imprévu. L'architecte reçut la mission de présenter un entrepreneur général qui, sur les projets et devis déjà établis, s'engageât à exécuter les deux théâtres moyennant un forfait de 4,150,000 fr. Ce prix ne pouvait être dépassé. Il ne pouvait qu'être réduit si la valeur réelle des travaux indiqués au projet était reconnue, après exécution, moindre que le chiffre prévu.

Bien que les études et les devis eussent été faits avec la rapidité qu'exigeaient les circonstances, M. Bellu, entrepreneur qui avait, par ses travaux antérieurs su mériter la confiance de l'administration, et dont la réputation était faite, accepta le marché dans les conditions que nous venons d'indiquer.

Au mois d'octobre 1859, M. le préfet de la Seine avait fait acquérir par la Ville les terrains de la place du Châtelet; il put donc présenter au Conseil municipal à la fois les projets, devis et marchés pour la construction, et les baux consentis par les deux directeurs du *Cirque* et du *Théâtre-Lyrique*. Toutes les mesures étaient prises et l'affaire n'exigeait plus qu'une approbation, qui fut donnée par le Conseil municipal dans sa séance du 28 du même mois. Puis, par deux arrêtés des 26 mars et 10 avril de l'année suivante, le Conseil des Bâtiments civils approuva la soumission du sieur Bellu, par laquelle celui-ci s'engageait à l'exécution des travaux moyennant la somme de 2.600,000 fr. pour le théâtre du *Cirque* ou du *Châtelet*, et la somme de 1.550.000 fr. pour le *Théâtre-Lyrique*, constituant le total de 4.150.000 fr. indiqué plus haut, tous frais de direction et d'agence compris.

L'architecte avait évalué à deux années le temps nécessaire à l'achèvement des travaux. Malgré ses observations, la durée de ceux-ci fut ainsi fixée par une clause comportant délit, insérée dans le marché de l'entrepreneur : achèvement du *Théâtre-Lyrique* au 26 septembre 1861 ; achèvement du *Châtelet* au 10 octobre suivant.

C'était accorder pour l'exécution complète un délai de dix-huit mois. Ce délai paraîtra bien court aux hommes compétents ; mais la Ville se trouvait dans la nécessité d'abréger autant que possible la durée des travaux, pour pouvoir procéder à l'expropriation du boulevard du Temple. L'Administration municipale, dans cette période de transformation de la ville, avait l'habitude de raser, en quelques jours, des quartiers entiers et de faire sortir de terre, comme en bloc, des quartiers nouveaux ; mais elle n'avait pas eu jusqu'alors à construire de théâtre véritablement monumental ; le nouvel *Opéra*, élevé aux frais de l'État, n'était pas même commencé à cette époque.

On avait enfin devant soi l'exemple du théâtre de la *Porte-Saint-Martin* qui, composé de bois, de plâtre et de toile peinte, put être élevé en soixante-quinze jours, et celui de l'*Opéra* de la rue Le Peletier, élevé aussi avec une grande promptitude, ce qui n'avait nullement compromis le résultat, car ces deux salles provisoires ont toujours été comptées parmi les meilleures de Paris. Peut-être faut-il attribuer cet heureux résultat à la rapidité même de l'exécution qui prévenait ces interventions toutes-puissantes que l'artiste rencontre trop souvent sur sa route.

II. — *Difficultés d'étude.*

Nous allons maintenant indiquer les difficultés que présentait l'étude de ces projets dans les conditions où les deux théâtres devaient être établis.

Une première difficulté résultait des dimensions des deux terrains acquis. Celui du *Théâtre du Châtelet* mesurait 3.564 mètres carrés, celui du *Théâtre-Lyrique* 1.862 mètres carrés seulement. Le premier théâtre pouvait se loger à l'aise dans le terrain qui lui était accordé ; il n'en était pas de même pour le second, auquel on ne réservait qu'une surface moindre de moitié (Voy. *fig.* 2).

Le *Théâtre-Lyrique* actuel avait, sous la direction de

M. Carvalho, donné des opéras montés avec une mise en scène tout aussi luxueuse que celle d'un grand Opéra. D'ailleurs le *Théâtre-Lyrique*, bien qu'il dût contenir un moindre nombre de spectateurs que son voisin, n'était pas comme lui un théâtre populaire ; c'était un théâtre de luxe : dans la salle, les spectateurs devaient se trouver encore plus à l'aise, les dégagements, les escaliers devaient permettre une circulation plus facile qu'au *Théâtre du Châtelet* ; enfin la scène elle-même devait offrir d'assez vastes installations pour permettre la représentation de véritables opéras.

La proportion n'avait donc pas été gardée. Mais au moins le terrain réservé au *Théâtre-Lyrique*, malgré son manque d'étendue, se prêtait-il à sa destination ? Sa forme était-elle favorable et par là permettait-elle de remédier en partie au défaut de surface ? Il n'en était rien.

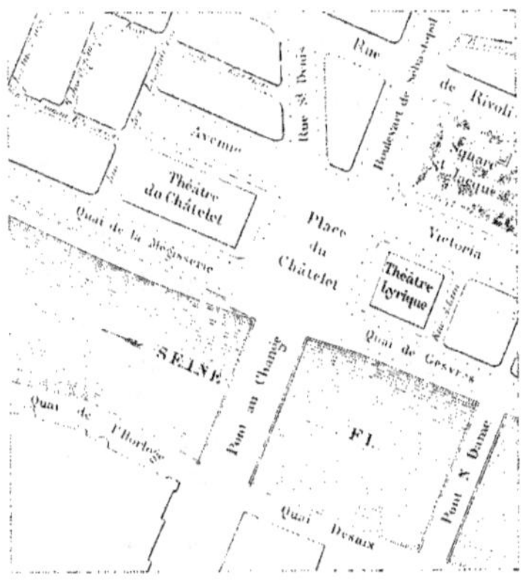

Échelle de 0ᵐ.0025 pour 10 mètres.

Fig. 2. — Plan de masse des deux théâtres de la place du Châtelet et de leurs abords.

Cet emplacement était limité sur les côtés par le quai de Gesvres et l'avenue Victoria (*fig.* 2), en arrière par la rue Adam, qui devait s'ouvrir dans l'axe de la tour Saint-Jacques. On ne pouvait donc déplacer cette dernière rue. D'ailleurs, au moment où fut commencée l'étude, les terrains en bordure sur cette rue étaient déjà vendus et ne purent être rachetés. Malgré les instances de l'architecte, la profondeur de l'édifice resta fixée à 44ᵐ.55, sa largeur étant de 41ᵐ.80. Pour le *Théâtre du Châtelet*, avec une largeur de 40ᵐ.50 ; la profondeur était de 88 mètres.

Dans un théâtre, la disposition qui se présente la première à l'esprit, et qui semble aussi la meilleure (c'est d'ailleurs la plus employée), consiste à placer les vestibules, la salle, la scène et les bâtiments d'administration en enfilade, suivant l'axe longitudinal. Les vestibules desservent ainsi directement les deux côtés de la salle. D'ailleurs la nécessité de réserver les murs latéraux de la scène aux cages des contre-poids intercepte toute communication par les côtés et tend à rejeter les bâtiments d'administration, les foyers d'artistes, les loges, etc., vers l'arrière. On conçoit donc combien la forme carrée du terrain affecté au *Théâtre-Lyrique* pouvait offrir de difficultés.

De là résultait aussi que les deux édifices, établis en regard l'un de l'autre sur une même place et présentant tous deux sur le quai leurs façades latérales, accusaient vivement à la vue leur inégal développement longitudinal. La situation des deux monuments présentait ici une grande analogie avec celle du Ministère de la Marine et du Garde-Meuble, placés également de chaque côté d'une grande voie dont ils annoncent l'entrée et ayant devant eux un large espace libre.

On sait que pour les deux édifices de la place de la Concorde, il a été adopté une complète symétrie. Faut-il en conclure que l'on doive toujours, en pareil cas, se soumettre à une aussi parfaite régularité? — Nous ne le pensons pas. On peut toujours, pour établir le balancement des masses, recourir à deux principes différents : celui de symétrie et celui d'équipollence, qui répondent, l'un à l'idée du beau, et l'autre à celle du pittoresque; le premier c'est l'ordre, le second c'est la liberté. Celui-ci permet, en effet, de laisser à deux objets différents les formes qui conviennent à chacun. Le premier impose, au contraire, une certaine uniformité, qui d'ordinaire n'est pas rigoureusement dans la destination des édifices; mais il fournit une solution plus facile et revêt un caractère plus grandiose; car il réunit en unité deux édifices distincts. Quoi qu'il en soit, aux théâtres de la place du Châtelet, aucun de ces deux principes ne pouvait trouver son application, car l'un et l'autre de ces principes exigent une équivalence des masses que ne permettait point l'inégalité des deux terrains.

Enfin on exigeait que la façade de ce même *Théâtre-Lyrique*, quoiqu'il fût isolé par un square, deux avenues et une place, suivît en plan l'alignement du boulevard de Sébastopol; d'où résultait que la façade principale était en biais sur l'axe de l'édifice.

Aux difficultés créées par la forme du terrain, venait se joindre celles qui s'attachaient à une des conditions du programme tracé à l'architecte. Le programme administratif, dont nous n'avons pu nous procurer une copie[1], paraît avoir exigé l'établissement de véritables boutiques fermées, avec devantures sur la voie publique, et d'entre-sols.

Beaucoup de personnes sont d'avis — et c'est la solution qu'eût préférée M. Davioud, s'il eût été libre de choisir — que, dans un théâtre, le pourtour extérieur peut être disposé en galeries formant arcades, sous lesquelles s'abrite la vente des menus objets que nous énumérions plus haut. Cette décoration peut, en effet, se concilier avec le caractère artistique de l'édifice et lui fournir même un motif heureux. Cependant cette

---

1. M. Davioud nous informe que ce programme n'a jamais été écrit; il était dans la tête du grand administrateur d'alors, M. Haussmann, et cela suffisait pour qu'il fût suivi.

solution eût été difficilement applicable aux deux théâtres de la place du Châtelet. En effet, au *Théâtre-Lyrique*, le terrain était tellement insuffisant, que si l'on eût prélevé, ne fût-ce que sur deux façades, des galeries continues assez larges pour y loger les boutiques dont nous parlions, l'espace intérieur n'aurait pu recevoir que l'accès principal du théâtre, la salle et la scène; les services d'administration, relégués uniquement dans les étages supérieurs, n'auraient pas eu à leur disposition une surface suffisante. Divers autres services, tels que les entrées secondaires, n'auraient trouvé que bien difficilement à se loger. Lors même que l'on eût réduit les galeries latérales à n'être qu'une sorte de passage pour les promeneurs, sans boutiques, on ne serait pas encore arrivé à gagner pour les services du théâtre l'espace suffisant, et l'on se serait imposé des formes étranglées, à la fois incommodes et disgracieuses. Sur plusieurs points le service théâtral devait s'étendre jusqu'aux extrêmes limites de la largeur disponible; une galerie continue était impossible au *Théâtre-Lyrique*. Dès lors, en raison de la position symétrique des deux théâtres, qui devait conduire à une certaine symétrie, au moins dans les formes générales des deux monuments, les galeries devaient être rejetées également pour le *Théâtre du Châtelet*.

D'ailleurs le programme administratif demandait nonseulement l'établissement de véritables boutiques fermées et d'entre-sols sur les façades latérales des deux théâtres et la façade postérieure du *Théâtre du Châtelet*, mais exigeait encore qu'ils fussent surmontés d'habitations particulières occupant ces façades sur toute leur hauteur.

Le théâtre proprement dit était relégué à l'intérieur de ce pâté de maisons qui seules se voyaient sur les flancs de l'édifice.

L'architecte n'obtint qu'une concession : les façades sur la place furent laissées aux théâtres, qui purent ainsi s'accuser extérieurement; les cafés qui occupent les angles furent assez réduits pour n'être plus que les annexes des vestibules; ces vestibules et les foyers purent ainsi occuper toute la largeur des façades principales.

Une autre ressource restait à l'artiste. Le voisinage de la Seine ne permettant pas de descendre très-profondément les *dessous*, les planchers de la scène et par conséquent les salles elles-mêmes devaient être exhaussés au-dessus du sol, et les combles dépasser notablement ceux des maisons qui entouraient les deux théâtres. Ceux-ci devaient donc apparaître au-dessus des habitations qui masquaient leurs façades.

D'autre part les scènes, dont la hauteur est plus considérable que celle des salles en raison des besoins du service, devaient avoir leurs combles plus élevés que ceux des salles. L'architecte, paraît-il, voulait profiter de ces inégalités et les accentuer franchement par des attiques mouvementés. Malheureusement les projets qu'il présenta dans cet ordre d'idées ne furent point approuvés. Le théâtre de Bordeaux lui aurait été imposé comme un modèle qu'il devait imiter. Comme à Bordeaux, un comble unique, placé à la plus grande hauteur nécessaire, devait recouvrir à la fois la salle et la scène.

Telle fut la série des conditions imposées à l'architecte. Il appartient au public, aux artistes, aux hommes compétents de juger l'œuvre de M. Davioud en présence des difficultés qu'il a dû surmonter, et la justice veut que dans la critique des solutions présentées on fasse la part à la fois des restrictions imposées par le programme et, ce qui est tout aussi grave, de l'intervention trop fréquente de conseils officiels qui ne sont jamais que des ordres déguisés.

III. — *Difficultés d'exécution.*

Au début de l'année 1860, l'architecte se trouva donc en face de la nécessité d'exécuter dans l'espace de dix-huit mois pour une somme de travaux montant à plus de quatre millions, sur des projets qu'on ne lui avait pas laissé le temps de mûrir; les terrains étaient mal appropriés à leur destination; la responsabilité artistique de l'architecte était engagée dans les difficultés d'un programme qui avait tenu compte surtout des intérêts financiers de la Ville; le chauffage, l'éclairage, la ventilation n'étaient point étudiés. Il fallait cependant faire face à toutes ces difficultés sans dépasser les délais prescrits, les marchés contractés portant dédit, et sans sortir des crédits accordés, qui ne concédaient qu'une dépense de 764 francs par mètre superficiel.

On se mit donc à l'œuvre en toute hâte. D'après les sondages exécutés antérieurement, on espérait trouver le terrain résistant à une faible profondeur. Mais lorsqu'on eut démoli les fondations de l'ancien Châtelet et les maisons bâties depuis sur le même emplacement, on se trouva à une profondeur plus considérable que celle sur laquelle on avait compté. Les prévisions allaient être dépassées; une demande de crédit supplémentaire fut repoussée. On parvint cependant à ne pas outre-passer les devis, en supprimant les fondations en pierre de taille et en n'employant, pour toutes les constructions placées au-dessous du sol, que de la meulière hourdée en mortier de ciment, à quatre parties de sable pour une de chaux. Ce procédé économique paraît avoir donné des résultats pleinement satisfaisants, car on n'a observé depuis, que nous sachions, ni tassements, ni infiltrations.

Pendant ce temps, plusieurs ingénieurs civils, entrepreneurs de chauffage, avaient été invités par l'architecte à présenter, pour chacune des deux salles, un projet de chauffage et de ventilation. Ces projets, remis le 25 septembre 1860, furent soumis à une commission technique nommée par le préfet et dont nous aurons à examiner plus loin les travaux dans un chapitre spécial.

Il fallut attendre les décisions de cette commission, qui n'arrivèrent que neuf mois après. L'achèvement des salles et des soubassements qui devaient recevoir les prises d'air était nécessairement ajourné pendant ce long délai. Comme le temps pressait cependant, on fit marcher activement les travaux de la scène. Malheureusement, en cours d'exécution, le préfet exigea que, contrairement aux prévisions, les *corridors de service* et les *grils*[1] fussent construits entiè-

1. On entend par *grils* les planchers à jour qui s'étendent au-dessus de la scène dans toute son étendue.

remment en fer. Il fallut retirer les pièces déjà en place; de là remaniements et nouveaux retards. Ce ne furent pas les seuls. Les directeurs des futurs théâtres intervinrent pour exiger de nouvelles modifications : au *Théâtre du Châtelet*, des sous-sols sous la cour du théâtre, un étage supplémentaire au bâtiment de la rue des Lavandières pour un magasin de costumes, une couverture vitrée sur la grande cour. Dans les deux théâtres l'installation des artistes et des services d'administration fut modifiée un grand nombre de fois. Chaque jour amenait une demande nouvelle. Par bonheur toutes n'étaient pas acceptées, car bien souvent elles n'étaient pas acceptables. Telle celle du directeur du *Cirque*, qui exigeait la résiliation de son engagement, prétendant que sa nouvelle salle ne contiendrait que la moitié du nombre de spectateurs que pouvait recevoir l'ancienne. Tout compte fait, la commission du Conseil municipal chargée de l'examen, trouva 2,400 places dans l'ancienne et 3,000 dans la nouvelle salle.

La décoration extérieure des façades latérales devait, d'après le programme, être d'une extrême simplicité. Lorsque, le gros œuvre étant monté, on vint à s'occuper de cette décoration, de nouveaux contre-ordres survinrent : on avait, dans l'intervalle, compris la nécessité d'une décoration moins austère. On crut aussi devoir supprimer, sur les façades principales, les quatre médaillons primitifs, peints sur faïence, et représentant le *Drame*, la *Comédie*, la *Poésie* et la *Musique*, qui furent remplacés par les médaillons actuels sculptés dans la pierre.

Lorsqu'on en vint aux travaux intérieurs, mêmes obstacles. C'est ainsi que le système d'éclairage, que M. Davioud paraît avoir proposé le premier, et qui consistait en une enveloppe de verre et cristal entourant les becs de gaz et descendant du plafond dans l'intérieur de la salle, système qui depuis a été essayé au théâtre du *Vaudeville*, fut rejeté au moment de l'exécution et remplacé par le système que nous aurons à décrire plus loin.

Sur ces entrefaites, M. Bellu, l'entrepreneur général, vint à mourir. Dès lors la plupart des sous-traitants soulevèrent mille difficultés sur les clauses de leurs marchés; il fallut mettre en régie une partie de l'entreprise.

A travers tous ces retards, ces modifications, ces difficultés imprévues, on avait atteint la limite des délais fixés, et, bien que les théâtres du boulevard du Temple ne dussent être expropriés qu'après l'achèvement des salles en construction, le directeur du *Châtelet* fit sommation à la Ville d'avoir à lui livrer la salle nouvelle. Ordre fut donné en conséquence de terminer les deux théâtres avant le 1ᵉʳ janvier de l'année 1862.

Les retards apportés à l'étude de la ventilation, les modifications réclamées pour l'extérieur par l'administration, et par les directeurs pour les dispositions intérieures, les difficultés qui à la dernière heure surgissaient à chaque pas, rendaient impossible l'exécution de l'ordre ainsi donné. Ce ne fut qu'au prix des plus grands efforts que, vers la fin d'avril 1862, les deux théâtres purent être terminés à peu près entièrement. A partir de ce moment, l'architecte. malade de fatigue et ne pouvant mettre la dernière main à l'œuvre, dut se faire remplacer par son collègue M. Senèque.

Le 16 juin fut faite la première expérience d'éclairage. en présence du préfet de la Seine et du directeur des travaux d'architecture ; et le 30 du même mois. M. le ministre d'État visitait à son tour les deux théâtres et félicitait l'architecte. Le 28 juillet eut lieu la réception définitive ; un concert fut donné dans chacune des salles. Le 19 août. la direction Hostein inaugurait la salle du *Châtelet* par la représentation de la féerie de *Rothomago*, et le 30 octobre suivant. M. Carvalho, succédant à M. Réty, inaugurait son installation dans le *Théâtre-Lyrique*, par un concert suivi de la représentation de la *Chatte merveilleuse*.

La durée totale des travaux avait été de vingt-six mois.

IV. — *Comptabilité*.

On dut alors procéder à l'apuration définitive des comptes. opération longue. délicate et minutieuse en raison des nombreuses modifications qui avaient été apportées aux projets primitifs. La commission d'architecture près la préfecture de la Seine fut chargée de ce soin. On lui adjoignit les contrôleurs et vérificateurs des travaux des deux théâtres. ainsi que l'architecte. Une année entière fut nécessaire à la sous-commission désignée pour pouvoir présenter un travail complet et définitif à la commission.

Après acceptation des règlements de comptes par les intéressés. deux arrêtés du Préfet, en date du 18 octobre et 2 novembre 1866. régularisèrent définitivement les dépenses de construction des deux théâtres de la place du Châtelet. conformément aux chiffres ci-dessous :

Le total des crédits affectés à la construction du *Théâtre-Lyrique* avait été successivent porté :

— De 1.550,000 fr. à .... 2,058,570 fr. 60

Le montant des mémoires réglés et revisés s'éleva à la somme de... 2,247.813   91

Soit un excédant de dépense sur la prévision primitive de........ 697.813   91

Et sur les crédits définitivement autorisés. de.................... 189,245   31

Le prix définitif de construction se trouva ainsi établi. à raison, par mètre superficiel, de........... 964   46

Le montant des crédits affectés à la construction du *Théâtre du Châtelet* s'était élevé de 2.600.000 fr. à. 3.379,282 fr.   »

Le total des mémoires réglés et revisés. au chiffre de........... 3.437.348   75

Soit un excédant de dépense sur la prévision primitive de......... 837.348   75

Et sur les crédits définitivement autorisés, de................... 58.066   75

Le prix définitif de construction se trouva ainsi établi. à raison, par mètre superficiel. de........... 1,207   20

Cette différence entre les prix du mètre superficiel de construction aux deux théâtres (964 fr. 46 et 1,207 fr. 20), d'environ 25 0/0. dépend du plus grand nombre d'étages de galeries et de la plus grande complication de la construction du *Théâtre du Châtelet*.

CHAPITRE II.

ACCÉS ET DÉGAGEMENTS.

I. — *Considérations générales.*

 E public d'un théâtre se divise en quatre catégories : spectateurs qui arrivent en voiture et spectateurs venus à pied ; les uns avec leurs billets retenus à l'avance, les autres ayant à prendre les leurs aux guichets.

Il est nécessaire de ménager aux voitures un accès vers les entrées du théâtre, et de disposer cet accès de manière que la descente puisse se faire à couvert. De plus, les voitures qui, à la même heure, convergent ainsi vers un même point, venant de directions différentes, doivent trouver des espaces suffisants pour s'orienter, prendre la file, stationner à leur tour et se dégager en reprenant des directions différentes.

Parmi les spectateurs ainsi débarqués, les uns ont retenu leurs billets d'avance et doivent pénétrer directement à l'intérieur du théâtre ; les autres doivent prendre rang parmi les personnes qui stationnent auprès des guichets de distribution des billets.

Une autre partie du public vient à pied. Pour faciliter la prise des billets, on a l'habitude d'ouvrir deux séries de guichets, l'une pour les places des galeries principales, l'autre pour celles des galeries supérieures.

Donc, spectateurs arrivant avec leurs places déjà retenues, et spectateurs venant prendre leurs billets aux guichets, ce sont là des courants bien distincts, dont l'écoulement doit être préparé d'avance et qui ne doivent point se rencontrer, ni se heurter. Il est naturel que les gens qui ont pris la peine de retenir leurs billets à l'avance puissent pénétrer directement dans la salle ; ils doivent pouvoir le faire sans gêner le service de ce qu'on appelle les *queues* ; de même les gens qui montent aux premières galeries seront plus à l'aise s'ils ont leurs accès spéciaux ; d'ailleurs ils ne gêneront point ainsi ceux qui doivent monter jusqu'aux galeries supérieures.

Aujourd'hui on a fini par reconnaître qu'il était humain d'offrir un abri aux spectateurs qui séjournent à l'entrée du théâtre, attendant leur tour aux guichets, à quelque catégorie qu'ils appartinssent. Les barrières entre lesquelles stationne la *queue* doivent donc se trouver sous des porches ou vestibules spéciaux, véritablement clos ; on ne se contente plus de simples marquises ; encore moins expose-t-on le public à séjourner sur place,

quelquefois pendant de longues heures, au vent, au froid, sous la pluie.

Tout spectateur, une fois muni du billet qui lui donne droit à entrer, doit quitter la *queue*, et en suivant le sens du mouvement commencé, pénétrer dans les vestibules intérieurs, où il se présente au bureau du contrôle chargé de lui désigner le numéro de la place qu'il doit occuper et de le diriger du côté convenable.

Il faut que ces divers mouvements de la foule lui soient bien indiqués par la disposition même des lieux, que cette foule n'ait jamais d'hésitation, qu'elle n'ait jamais à revenir en arrière, si l'on veut éviter l'encombrement, si facile à produire lorsqu'il s'agit d'introduire, en quelques instants, dans une même salle, plusieurs milliers de personnes [1].

Dès l'entrée, le public doit avoir bien en vue le bureau de contrôle et les départs des escaliers principaux. En conséquence, le bureau de contrôle doit être placé, à notre avis, au fond du vestibule principal : il est ainsi aperçu dès l'entrée par le public. Lorsqu'on l'adosse au mur de façade, comme dans certains théâtres, au Théâtre-Français par exemple, le public, au lieu d'aller droit devant lui, doit, dès les premiers pas, faire volte-face, et obstruer ainsi le passage. Doubler le nombre des bureaux de contrôle pour en placer un de chaque côté du vestibule serait une dépense inutile, contraire d'ailleurs à l'unité du service.

Les escaliers principaux doivent, en conséquence, offrir deux départs, placés à droite et à gauche du contrôle, en arrière de celui-ci. Un escalier unique, desservant à la fois les deux côtés de la salle, se placerait dans l'axe de l'édifice, et se trouverait ainsi en arrière du contrôle qui le masquerait en partie, à moins qu'on ne le rejetât sur l'un des côtés ou en dehors de l'axe principal, ce qu'on ne doit pas faire sans nécessité. Le public qui se présente à ce bureau serait obligé ensuite de le contourner pour arriver à l'escalier, disposition contraire aux convenances que nous signalions plus haut.

Une seule considération pourrait primer celle-ci dans certains cas. Pour un Opéra, un théâtre de luxe, il est

---

[1]. L'ouvrage le plus récent et le plus complet sur l'agencement des divers services d'un théâtre est celui de M. Ch. Garnier, intitulé *le Théâtre*, auquel nous avons emprunté plus d'une excellente idée.

important de tenir compte d'un usage établi, en France principalement : celui qu'ont les femmes en toilette de séjourner sur les dernières marches, attendant leurs voitures; elles se groupent, étagées naturellement, formant ainsi la dernière scène de la soirée et non la moins intéressante. Ceci peut conduire à l'emploi d'un départ simple; aux étages supérieurs, la rampe centrale peut se diviser, mais elle offre au public qui descend un point vers lequel tout converge et qui se prête parfaitement à la mise en scène dont nous parlons.

Mais, pour un théâtre ordinaire, les deux rampes, qui offrent un chemin bien mieux tracé, et dès l'entrée séparent la foule en deux courants en les dirigeant à droite et à gauche, du côté où ils doivent aller, nous paraissent préférables. Ces deux courants doivent, autant que possible, s'avancer parallèlement à l'axe longitudinal du théâtre, c'est-à-dire suivant le sens du mouvement.

Au seul point de vue du service, l'escalier à marches droites est évidemment plus avantageux que celui dont les marches sont sur plan courbe et offrent alors contre le limon des espaces resserrés, dangereux à la descente lorsque la foule se presse, et contre les murs de cage des espaces trop larges par endroits, où se forment de véritables remous.

En dehors des escaliers principaux, il est utile de ménager des escaliers auxiliaires desservant directement les entrées des places secondaires, afin que les deux catégories du public (galeries supérieures et places principales) que l'on a eu soin de séparer dès l'entrée, ne soient pas obligées de se rencontrer dans l'intérieur du théâtre. Toutefois, à chaque étage, ces divers escaliers devront être mis en relation entre eux, afin que pendant la soirée ils facilitent les communications d'un étage à l'autre, et que pendant la sortie ils concourent à l'évacuation de la foule de tous les étages.

Si maintenant on voulait se préoccuper de la surface à donner aux divers escaliers, on dégagerait facilement la règle qui doit déterminer cette surface. Il faut, pour éviter tout arrêt dans le mouvement de la foule, que l'ensemble des révolutions des escaliers qui desservent un étage puisse recevoir tous les spectateurs logés à cet étage. Si les choses sont ainsi disposées, au moment où le public du premier étage, par exemple, atteint l'entre-sol, les premiers descendus de l'entre-sol atteignent le rez-de-chaussée et les derniers spectateurs de l'entre-sol peuvent commencer déjà à descendre. Il en résulte que ceux qui descendent de l'étage supérieur peuvent continuer leur marche.

Dans la réalité, il n'en est pas tout à fait ainsi : il reste à chaque étage, dans les couloirs, des retardataires occupés à prendre leurs vêtements de sortie; mais la place qu'ils devaient occuper sur les escaliers reste libre et ils sont aussitôt remplacés par les gens plus pressés de l'étage au-dessus.

Ce que nous venons de dire s'applique également aux couloirs de dégagement. Ceux-ci doivent être assez vastes pour recevoir tout le public de l'étage qu'ils desservent, public qui, la représentation terminée, a toujours hâte de sortir de la salle. On doit de plus se préoccuper de donner aux couloirs inférieurs qui servent de passage aux spectateurs des étages supérieurs une large surface; d'augmenter encore cette surface autant que la disposition des lieux s'y prête, dans les endroits où il se produit des rencontres et des changements de direction; enfin de proportionner, autant que possible, les dimensions des diverses parties d'un même couloir au nombre des places qui ont leurs entrées sur ces diverses parties et à l'encombrement qui s'y produit.

C'est ainsi qu'à n'envisager que le service, sans égard à des considérations esthétiques, on peut dire que le fond des couloirs latéraux ne desservant que les extrémités des galeries n'a pas besoin d'autant de largeur que les couloirs placés en avant; aussi les ouvreuses se tiennent-elles souvent dans ces recoins. Mais il y a mieux à citer : par exemple, la plus grande largeur donnée en général à la partie du couloir où débouchent immédiatement les spectateurs, en quittant l'escalier, comparée à celle des prolongements latéraux de ces mêmes couloirs.

Cette ampleur donnée aux surfaces de dégagement, toujours utile en temps ordinaire, devient indispensable dans les cas d'accidents auxquels les théâtres sont malheureusement trop exposés. S'il n'est pas nécessaire de dépasser les limites que nous venons d'indiquer, l'architecte doit chercher à s'en rapprocher autant que possible.

Dans les couloirs doivent se loger quelques services accessoires : emplacements pour les ouvreuses, armoires pour les vêtements, water-closets, etc. Trop souvent, dans nos théâtres, les dépôts de vêtements sont prélevés sur la largeur réservée aux corridors; de là un entassement nuisible aux vêtements mêmes et à leur prompte distribution, un encombrement contraire à l'écoulement de la foule. C'est à l'architecte de profiter des angles perdus pour loger tous ces petits services.

Il doit enfin trouver à loger des bureaux de suppléments pour les personnes qui, se trouvant mal placées, désirent, moyennant un supplément de prix, acquérir le droit d'occuper une place meilleure. Peut-être y aurait-il lieu de se demander si ces bureaux ne seraient pas mieux logés aux étages supérieurs qu'au rez-de-chaussée où on les installe d'habitude. Ce n'est pas à l'entrée même qu'on demande à changer de place, et c'est d'ordinaire pour descendre et non pour monter qu'on paye un supplément. Il ne faudrait cependant pas exagérer ce principe, en reléguant le bureau de suppléments trop loin du bureau de contrôle, avec lequel il a besoin d'être en relation.

Ces considérations générales exposées, abordons la description des accès et dégagements de chacun des théâtres de la place du Châtelet, et voyons comment y ont été résolues les questions que nous venons d'indiquer.

II. — THÉATRE DU CHATELET.

Rez-de-chaussée (*pl.* 6-7). — Le théâtre du Châtelet offre quatre groupes d'entrées.

Sur la façade principale, la porte centrale est réservée aux personnes munies de billets pris à l'avance; les deux portes latérales, voisines des deux guichets de distribution des billets (4), sont spécialement réservées aux billets pris à ces guichets. Un passage couvert, transversal, ouvrant sur l'avenue Victoria et débouchant sur le quai, devait permettre aux voitures de s'engager à l'intérieur, les spectateurs ainsi venus pénétrant dans la salle d'attente (10) en arrière du contrôle[1]. D'après cette disposition, on voit que les trois premières catégories du public sont nettement séparées. Les personnes dont les billets sont retenus peuvent pénétrer directement, suivant l'axe du théâtre, soit par la porte de la façade, soit par celle du passage à couvert. Celles qui ont à prendre leurs billets stationnent auprès des guichets (4) de la façade, dans un vaste porche (1) d'environ 100 mètres carrés. Toutes traversent un grand vestibule (9) dont la surface est de 160 mètres carrés. Elles trouvent devant elles les deux grands escaliers placés de chaque côté du contrôle (14). Dans ce vestibule, outre le bureau du contrôle placé au centre, un bureau de location (6) est installé à gauche; un bureau de suppléments (7) à droite.

Les spectateurs des galeries supérieures ont leurs entrées complètement distinctes de celles que nous venons d'indiquer. Ces entrées sont reportées sur les façades latérales. De chaque côté, un vestibule (3-8), d'une surface de 40 mètres carrés, reçoit la queue, qui circule le long des barrières indiquées sur le plan. Ces vestibules ou couloirs sont chauffés par des bouches de chaleur (d d). La foule, suivant le sens du mouvement indiqué sur les dessins par les flèches, est amenée devant les guichets (5), puis arrive aux petits escaliers (15). C'est sur le palier de ceux-ci, à l'entre-sol, que se trouvent les bureaux de contrôle (7, pl. 8-9).

Il existait, dans l'origine, des escaliers spéciaux (16, pl. 6-7) pour le parterre, partant du passage couvert pour voitures. Ces escaliers ont été supprimés, et les spectateurs du parterre passent maintenant, comme ceux de l'orchestre, par le grand vestibule et les escaliers principaux.

Entre-sol (pl. 8-9). — À l'entre-sol, ces derniers escaliers débouchent sur un vestibule transversal (3-3). Les spectateurs de toutes les places de cet étage, qui est le plus chargé, ainsi que ceux des premières galeries, passent tous par ce vestibule ou couloir; aussi a-t-on donné à celui-ci une largeur qui est en moyenne de près de 5 mètres. À cause de la forme cintrée de la salle, cette largeur atteint près de 7 mètres dans les angles, circonstance favorable à la circulation des gens qui se rendent aux galeries. En effet, les escaliers (4) de ces galeries sont rejetés sur les côtés; la foule, après avoir suivi le vestibule (3), se sépare aux extrémités : les uns poursuivent les couloirs latéraux, les autres doivent faire un demi-tour pour regagner les escaliers (4). C'est à ce mouvement de séparation à la mon-

tée, ou de réunion à la descente, d'où résulte toujours un certain remous dans la foule, que se trouve ménagé un plus large espace. On s'expliquera, d'ailleurs, ce déplacement des escaliers à partir de l'entre-sol, si l'on se rappelle qu'il est utile, au rez-de-chaussée, de rapprocher les escaliers principaux du bureau de contrôle, afin que le public, avant de s'engager dans les escaliers, soit amené devant le contrôle; mais qu'à partir de l'entre-sol cette raison n'existe plus. En écartant les escaliers pour les reporter sur les côtés, on permet au foyer du premier étage d'être en communication, sur toute sa longueur, avec les couloirs (voir pl. 10-11, 1er étage). C'est également dans ces angles que s'établit la communication avec les escaliers secondaires (5).

Le vestibule transversal (3) donne accès directement sur le parterre par l'entrée centrale (15). Les entrées aux stalles d'orchestre (13) sont rejetées sur les côtés, ainsi que le comporte la situation plus éloignée de ces places; ces entrées sont disposées de manière à se présenter de face et non obliquement aux arrivants.

Les couloirs latéraux ont 1m.50 de largeur; ils desservent les baignoires et le pourtour, qui ouvrent directement sur ces couloirs, ainsi que les fauteuils d'orchestre dont les accès spéciaux (10) sont aux extrémités.

On remarquera que le fond de la salle est formé par une double cloison, nécessitée par la présence des coffres à air (9), et qui laisse libre un certain intervalle (20-24) qu'on a pu utiliser pour un bureau de suppléments et pour les armoires des ouvreuses; celles-ci ont de cette façon un local convenable à leur disposition et n'encombrent pas les couloirs.

Dans ce même intervalle a été placé le petit escalier particulier (22) qui donne accès à la loge du chef de l'État. On arrive à ce petit escalier par l'entrée (15) du parterre, qui, les jours où la loge est en service, est décorée d'une manière spéciale.

Premier, deuxième et troisième étages (pl. 10-11, 12-13). — La disposition des couloirs est la même pour les trois étages. Au premier étage, le balcon (7) est desservi par deux entrées de face et deux entrées latérales. Le rejet des escaliers principaux sur les côtés donne, au-dessus du contrôle, un large vestibule qui sert d'entrée au foyer. Dans les angles (4) formés par le pourtour des loges, sont ménagées les armoires des ouvreuses, suffisantes pour un étage où le public est peu nombreux.

Aux deuxième et troisième étages, mêmes dispositions pour les couloirs. Les angles dont nous venons de parler ne suffisant plus pour les ouvreuses à ces étages, il a fallu prélever sur les côtés des chambres (4) beaucoup plus vastes. Cinq entrées de face (5 pour le deuxième étage, 7 pour le troisième) conduisent aux galeries de face; deux entrées latérales (6 pour le deuxième étage, 8 pour le troisième) conduisent aux galeries de côté. Toutes ces modifications sont motivées par le nombre plus grand des spectateurs.

Quatrième étage (pl. 14-15). — Les escaliers principaux s'arrêtaient au troisième étage; les escaliers secondaires s'arrêtent à celui-ci; de petits escaliers (6) partent de cet étage pour arriver à l'amphithéâtre supé-

---

1. En effet « cette galerie, nous écrit M. Davioud, avait été primitivement imaginée pour le public; le préfet voulut en faire le passage impérial. Or, jamais l'empereur ni même une voiture privée n'y ont passé. Les passages sous les bâtiments sont une mauvaise chose; ils sont étouffés, sombres; les chevaux les plus doux s'y effrayent, et le grand public, celui qui a de beaux chevaux, veut qu'on les voie et surtout ne veut pas atteler son tour sous une voûte sombre. Le mur percé est la seule solution pratique de la descente à couvert. »

rieur. Les espaces correspondant aux cages des grands escaliers sont convertis en vestibules, qui précèdent le foyer particulier (2) des étages supérieurs.

L'espace (1) qui, au premier étage, formait le vestibule du foyer, est ici rétréci par la présence des petits escaliers; il est occupé par les armoires des ouvreuses et divers dépôts.

La nécessité de multiplier les places à cet étage, où elles sont peu coûteuses, a conduit à raccourcir les couloirs latéraux; la salle envahit ceux-ci sur une partie de leur longueur, et dans cette partie il n'existe qu'un passage en arrière du dernier rang des galeries; quatre entrées donnent accès à la galerie et au premier amphithéâtre.

Deuxième amphithéâtre (pl. 16-17). — A cette hauteur, les places de côté devenaient trop incommodes; il a fallu les supprimer; on a racheté cette suppression en augmentant le nombre de places de l'amphithéâtre central, qui envahit tout le couloir transversal. Les couloirs latéraux sont aussi supprimés; il ne reste pour dégagements que les vestibules correspondant aux angles (1), qui servent de paliers aux petits escaliers et mettent chacun de ceux-ci en communication avec une entrée (3).

En résumé, si l'on évalue les surfaces réservées pour les dégagements et les escaliers aux divers étages, on trouvera les chiffres suivants :

DÉGAGEMENTS ET ESCALIERS.

Rez-de-chaussée.

Dégagements :
- Porche 103mq.00
- Vestibule principal . . . . 165 »
- Vestibules et couloirs des entrées latérales . . . . . 120 »
- Salon d'attente . . . . 22 »
- TOTAL 410mq.00

Escaliers :
- Grands escaliers d'entrée 44mq.00
- Escaliers du parterre 7 50
- Escaliers secondaires . . . . 49 »
- TOTAL 100mq.50

Entre-sol. 856 places (sans compter les strapontins).

Dégag. :
- Couloirs et vestibules . . . . 169 mètres carrés.

Escaliers :
- Grands escaliers 40mq.00
- Escaliers secondaires . . . . 49 »
- TOTAL 89mq.00

Premier étage. 440 places.

Dégag. :
- Couloirs et vestibules . . . . 169 mètres carrés.

Escal. :
- Grands escaliers et escaliers secondaires . . 89 mètres carrés.

Deuxième étage. 364 places.

Dégag. :
- Couloirs et vestibules . . . . 169 mètres carrés.

Escal. :
- Grands escaliers et escaliers secondaires . . 89 mètres carrés.

Troisième étage. 378 places.

Dégag. :
- Couloirs et vestibules . . . . 169 mètres carrés.

Escal. :
- Escaliers secondaires . . . . 49 mètres carrés.

Quatrième étage. 309 places.

Dégag. :
- Couloirs . . . . 116 mètres carrés.

Escal. :
- Petits escaliers . . . . 13 mètres carrés.

Cinquième étage. 348 places.

Dégag. :
- Couloirs . . . . 70 mètres carrés.

III. — THÉATRE-LYRIQUE.

Rez-de-chaussée (pl. 42). — Ce théâtre, avons-nous dit, pèche par le manque de profondeur. Ce défaut a conduit l'architecte à modifier notablement ici les dispositions qu'il avait cru devoir adopter pour le *Théâtre du Châtelet.*

Le passage à couvert transversal ne pouvait subsister, car il eût absorbé une partie de cette profondeur déjà trop limitée. Les entrées latérales des galeries supérieures ne pouvaient davantage être conservées, car elles offraient le même inconvénient. Il a fallu reporter toutes les entrées sur la façade principale.

Les voitures ont accès par une chaussée prélevée sur le trottoir de face. Cette chaussée s'approche assez du bâtiment pour que la descente puisse se faire à l'abri d'une marquise vitrée qui garnit la façade. Les abords du théâtre sont d'ailleurs disposés, comme ceux du *Châtelet,* pour que les voitures puissent manœuvrer de quelque point qu'elles arrivent et s'engager sur la chaussée dans le sens de la file.

Les personnes munies de billets entrent par la porte centrale (2) défendue par un tambour. Le trottoir qui existe entre la chaussée et le bâtiment permet d'ailleurs à celles qui sont venues à pied d'arriver jusqu'à cette même porte sans couper la ligne de voitures.

La dernière baie de gauche (3) sert d'accès pour aller prendre les billets des places principales. Elle ouvre sur un large vestibule garni de barrières et chauffé, d'une surface d'environ 72 mètres carrés. Le public suivant les barrières est ramené après trois détours devant le guichet et de là dans le vestibule principal (4). Sur la droite, un vestibule avec barrières comme le vestibule de gauche et symétrique à celui-ci, sert de salle d'attente pour les places secondaires. Mais ici la foule, guidée par les barrières, après son passage devant le guichet, est amenée à l'escalier (7) qui la conduit aux étages supérieurs.

Dans le fond des petits vestibules dont nous parlons, sont disposés deux escaliers (6) conduisant au parterre, mais dont on ne fait plus usage. Ces escaliers ont été supprimés parce qu'on a converti le parterre en stalles d'orchestre.

On est donc ainsi parvenu à laisser distincts les divers courants que forment les catégories différentes de spectateurs et à éviter qu'ils se rencontrent.

Dans le grand vestibule (4) se rencontrent seulement les personnes qui se rendent aux places principales. Dans l'axe du théâtre et au fond de ce vestibule, est placé le bureau de contrôle (11). Les escaliers principaux (3), d'une largeur de 3 mètres, sont placés dans le sens transversal, par suite du défaut de profondeur; cette profondeur a été cependant étendue autant que possible, car en comparant entre eux les plans du rez-de-chaussée et du premier étage, on voit que l'escalier a été poussé jusqu'au-dessous des salons des premières loges, en raccourcissant proportionnellement la longueur de la salle au rez-de-chaussée. Les escaliers ne sont pas aperçus directement dès l'entrée; l'architecte a su cependant les indiquer, les annoncer en quelque sorte à l'avance, par les marches qui précèdent le contrôle, qu'on a exhaussé; ces marches forment le véritable départ des escaliers; le bureau est ainsi placé sur un premier perron d'où les deux rampes sont alors bien en vue.

En arrière du bureau de contrôle est le bureau de location (*10*), où l'on vient, pendant le jour, retenir les places pour la soirée.

Dans ce théâtre, la loge du chef de l'État a dû, par des raisons que nous indiquerons en parlant de la salle, être placée dans l'avant-scène. Son entrée particulière (*1*) est en conséquence placée sur la façade de gauche et desservie par une chaussée, de la même façon que l'entrée principale du public.

Entre-sol (*pl. 43*). — Les grands escaliers de départ (*2-2*) aboutissent à deux vestibules d'entre-sol (*3*) placés dans les angles. Ici il n'existe pas de vestibule transversal, parce qu'il fallait économiser sur la profondeur. On s'est contenté de prélever sur la salle un simple corridor (*6*), d'une largeur de 1^m.50, qui donne accès aux baignoires de face et aux stalles d'orchestre, qui, dans ce théâtre, sont placées au fond du parterre.

On remarquera que les vestibules (*3*) sont traversés par un double mouvement : la partie antérieure sert de passage aux personnes qui des escaliers (*2*) passent aux escaliers (*4*) pour se rendre aux étages supérieurs; la seconde moitié seule fait véritablement partie des dégagements spéciaux à l'entre-sol; c'est sur elle que s'attachent des couloirs latéraux de 1^m.75 de large, qui desservent les baignoires de côté, les fauteuils d'orchestre et les avant-scène[1].

Les armoires d'ouvreuses sont accolées aux murs latéraux.

Pour les mêmes raisons qu'au *Théâtre du Châtelet*, les escaliers principaux (*4*) faisant suite aux escaliers d'entrée (*2*) sont rejetés sur les côtés. Sur le palier de ces escaliers est placé le bureau (*5*) de suppléments.

Les escaliers principaux (*4*) et les escaliers secondaires (*2*), placés côte à côte, sont en communication à tous les étages par les couloirs de la salle. Tous les escaliers ont leurs paliers propres indépendants des couloirs, ce qui permet au public d'un étage de ne jamais passer obligatoirement sur le couloir d'un autre étage, avantage réel et qui ne se rencontre pas dans tous nos théâtres, même les plus récents.

Premier étage (*pl. 44*). — La salle reprend à cet étage sa forme courbe, le couloir transversal étant reporté en avant, au-dessus du contrôle et des escaliers d'entrée; elle est entièrement entourée d'un corridor continu, dont la largeur est de 2 mètres en avant et de 1^m.80 sur les côtés.

Les loges ouvrent directement sur ces couloirs; les fauteuils et stalles de galerie ont deux entrées, placées chacune vers le tiers du développement extérieur, ce qui divise les galeries en trois segments, celui du milieu étant plus étendu que les deux autres.

Deuxième étage (*pl. 45*). — La disposition des couloirs est la même, ainsi que leurs dimensions. Les places

de galeries étant supprimées, il n'y a pas d'autres entrées que celles des loges.

Troisième étage (*pl. 46*). — Les grands escaliers s'arrêtent à cet étage. La salle s'élargit aux dépens des couloirs; ceux-ci ont dans l'axe 1^m.30 de largeur, et n'ont que 1^m.10 au fond des couloirs latéraux. C'est qu'en réalité presque toute la circulation se fait dans les angles voisins des escaliers, où se trouvent les deux entrées des fauteuils de deuxième balcon et des stalles de face. Il n'y a au fond des couloirs que l'entrée des stalles de côté et des avant-scène.

Quatrième étage (*pl. 46*). — L'amphithéâtre supprime le couloir transversal[1]. Il est desservi par quatre entrées de chaque côté : deux pour les places hautes, deux pour les places du bas. Comme les places rapprochées de l'axe sont les plus nombreuses, le service se fait principalement par les couloirs (*19*) placés dans les angles et qui ont une largeur suffisante; les couloirs latéraux, qui ne desservent qu'un petit nombre de places voisines de l'avant-scène, n'ont qu'une largeur restreinte qui descend, au point le plus resserré, à 0^m.65.

Les surfaces réservées pour les dégagements et les escaliers aux divers étages sont représentées par les chiffres suivants :

DÉGAGEMENTS ET ESCALIERS.

Rez-de-chaussée.

Dégagem.	Grand vestibule	156^{mq}.00
	Vestibules latéraux.	144
	TOTAL.	300^{mq}.00
Escaliers	Grands escaliers d'entrée	30^{mq}.00
	Escaliers du parterre.	15
	Escaliers secondaires.	50
	TOTAL.	95^{mq}.00

Entre-sol. 156 places (non compris les strapontins).

Dégagements.	Vestibule	56^{mq}.00
	Couloir transversal	35
	Couloirs latéraux.	21
	TOTAL.	112^{mq}.00
Escaliers	Grands escaliers.	87^{mq}.00
	Escaliers secondaires	50
	TOTAL.	137^{mq}.00

Premier étage. 258 places.

Dégag. Couloirs. . . . . 137 mètres carrés.

Escal. Grands escaliers et escaliers secondaires . . 137 mètres carrés.

Deuxième étage. 168 places.

Dégag. Couloirs. . . . . 137 mètres carrés.

Escal. Grands escaliers et escaliers secondaires.. . 137 mètres carrés.

Troisième étage. 312 places.

Dégag. Couloirs . . . . 124 mètres carrés.

Escal. Escaliers secondaires. . . . . 50 mètres carrés.

Quatrième étage. 306 places.

Dégag. Couloirs. . . . . 80 mètres carrés.

---

[1]. Dans les reconstructions faites depuis l'incendie datant de l'insurrection de la Commune, les corridors ont été élargis aux dépens des salons des baignoires, qui ont été supprimés.

[1]. Ce couloir est rétabli dans la salle reconstruite.

IV. — *Comparaison des deux théâtres.*

Le tableau ci-dessous permet de comparer les surfaces attribuées, dans chacun des deux théâtres, au public, tant pour les dégagements que pour les escaliers.

Nous reportant à cette considération que les dégagements affectés à chaque galerie doivent, pour une parfaite liberté de circulation, pouvoir contenir tout le public de cet étage, et que chaque étage d'escaliers doit pouvoir de même recevoir tout le public de la galerie à laquelle aboutit cette révolution d'escalier, nous avons calculé quelle était la surface de dégagements et d'escaliers offerte, pour chaque étage, à une personne. Les résultats sont consignés dans le tableau ci-dessous :

| | | THÉÂTRE DU CHATELET | | | THÉATRE-LYRIQUE | | |
		SURFACE par étage.	NOMBRE de places par étage.	SURFACE par spectateur.	SURFACE par étage.	NOMBRE de places par étage.	SURFACE par spectateur.
		mètres carrés		mètres carrés	mètres carrés		mètres carrés
DÉGAGEMENTS	À l'entre-sol.	170	856	0.20	445	456	0.24
	Au premier étage.	170	450	0.39	137	258	0.53
	Au deuxième étage.	170	364	0.45	137	468	0.86
	Au troisième étage.	170	378	0.55	124	312	0.40
	Au quatrième étage.	120	509	0.23	80	306	0.26
	Au cinquième étage.	70	348	0.20	»	»	»
	Au rez-de-chaussée, pour tout le public réuni (ce qui n'a jamais lieu).	410	2895	0.14	300	1500	0.20
ESCALIERS	De l'entre-sol.	100	856	0.12	95	456	0.21
	Du premier étage.	89	450	0.20	137	258	0.53
	Du deuxième étage.	89	364	0.24	137	468	0.81
	Du troisième étage.	89	378	0.23	137	312	1.10
	Du quatrième étage.	49	509	0.10	50	306	0.62
	Du cinquième étage.	43	348	0.04	»	»	»

Si l'on remarque que, dans une foule, une personne n'occupe guère plus de 20 décimètres carrés, on voit que, dans les deux théâtres, les escaliers et dégagements satisfont largement à la règle posée, et par conséquent sont plus que suffisants pour les besoins de la circulation.

Le *Théâtre-Lyrique* étant un théâtre de luxe, devait être plus favorisé que le *Théâtre du Châtelet* sous ce rapport, et c'est sans doute pourquoi la proportion établie y dépasse notablement celle qui existe dans ce dernier.

Dans chacun des théâtres, à l'entre-sol, cette proportion est moindre qu'aux étages supérieurs, ce qui s'explique par la grande accumulation de monde au parterre et à l'orchestre. Aux derniers étages également, cette proportion diminue, parce que ces étages, au lieu d'être remplis par une foule descendante, sont au contraire immédiatement évacués par leurs habitants, sans que ceux-ci soient remplacés par d'autres, comme il arrive aux étages du dessous ; il ne saurait donc y avoir d'encombrement dans les parties hautes du théâtre. Il faut d'ailleurs observer que les étages supérieurs ont leurs escaliers spéciaux, qui leur sont presque exclusivement réservés ; si bien qu'en réalité, dans le compte que nous établissons, il faudrait leur attribuer non-seulement les derniers étages de ces escaliers, mais la presque totalité des surfaces que présente la série des révolutions de ces escaliers. Il en résulterait que les proportions indiquées devraient être augmentées à leur profit et diminuées pour les étages inférieurs. En d'autres termes, la courbe décrite par cette série de chiffres, croissant du rez-de-chaussée au deuxième étage et décroissant de celui-ci jusqu'au cinquième, serait un peu moins accentuée que dans nos tableaux. Mais, qu'on prenne les chiffres du tableau tels que nous les avons établis et qu'on les modifie, comme nous venons de dire, en faveur des places inférieures, ces changements ne pourront jamais prendre une importance suffisante pour que les premières places ne soient pas largement desservies.

Enfin les porches et divers vestibules du rez-de-chaussée sont assez vastes, comme on le voit, pour qu'ils puissent, à la rigueur, contenir tout le public de la salle.

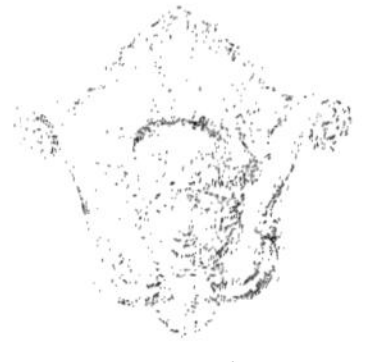

CHAPITRE III.

LES SALLES.

I. — *Considérations générales.*

Puisqu'on vient au théâtre pour voir et pour entendre, la salle doit avant tout se prêter aux commodités de la vue et de l'ouïe.

Voyons d'abord à quoi l'on serait conduit si l'on ne se préoccupait que de ménager à tous les spectateurs la même facilité d'apercevoir ce qui se passe sur une scène ou estrade absolument libre et dégagée de toute annexe.

Dans le cas où il ne s'agirait que de bien mettre en vue quelques personnages, cette scène formerait le centre autour duquel des gradins recevraient le public : la scène serait ainsi aperçue de toutes parts, et les spectateurs de chaque gradin seraient placés à la même distance de l'estrade. On réaliserait ainsi quelque chose d'analogue à l'amphithéâtre antique. Cependant on n'échapperait pas à cet inconvénient : certains spectateurs ne verraient que de côté, ou même par derrière, ce que quelques-uns seulement verraient de face. Pour des combats, des exercices, cet inconvénient serait sans importance ; aussi cette disposition était-elle souvent adoptée par les anciens et est-elle conservée parmi nous pour les cirques.

Mais si la scène comporte des décorations et, par conséquent, doit être fermée sur trois de ses côtés, elle devient un lieu distinct, séparé de l'espace réservé aux spectateurs, et ne s'offre plus à ceux-ci que par une de ses faces. Dès lors, la disposition première est abandonnée et la question se pose en des termes différents.

Ce n'est que par l'ouverture unique de la scène que peut plonger le regard des spectateurs. Dès que l'ouverture de la scène est limitée, pour donner place à un *nombre maximum* de spectateurs pouvant voir la scène, il faut que ceux-ci soient enfermés dans un espace en éventail, dont les côtés inclinés passent par les points extrêmes de l'ouverture de la scène et se rencontrent en un point qui détermine sa plus grande profondeur. Dans cet éventail, les spectateurs seraient rangés sur des gradins en arcs de cercle dont le centre commun serait le point qui détermine, comme nous venons de dire, le fond de la scène. Cette conception, on pourrait presque dire cette définition, est, bien entendu, une pure abstraction, le fond de la scène ne pouvant être limité à ce point de centre, mais devant au contraire être formé par un plan ou toile de fond d'une certaine étendue et

rapproché de l'ouverture de la scène proportionnellement à la largeur qu'on lui veut donner.

Cette disposition aurait bien quelques inconvénients : les décorations de la scène étant toujours mises au théâtre, comme on le sait, en perspective, par rapport à un point de vue unique, pour tous les spectateurs placés en dehors de ce point de vue la perspective serait faussée. Ce défaut est rendu moins sensible par la distance qui sépare le public de la scène. D'ailleurs, quelle que soit la forme de la salle, il est inévitable. L'habitude instruit les spectateurs à corriger instinctivement les imperfections de la perspective : c'est là le seul remède véritable.

Si l'on cherchait donc, dans le système idéal qui nous occupe, à loger un grand nombre de spectateurs, trois partis seraient possibles (*fig.* 3) : 1° Multiplier le plus

Fig. 3. — Tracé théorique des trois dispositions permettant de loger dans une salle un grand nombre de spectateurs.

possible le nombre des gradins circulaires, comme en *a b c d e*; 2° Rapprocher de l'ouverture de la scène le centre commun des courbes, afin d'étendre latéralement les gradins. comme en *a' b' c' d' e*, et, enfin, 3° élargir l'ouverture de la scène pour obtenir le même résultat, comme en *a b' c' d' e'*.

On comprend facilement qu'on ne peut pas augmenter indéfiniment le nombre des gradins; les spectateurs qui occuperaient les derniers gradins seraient trop éloignés des acteurs pour voir et pour entendre. On ne peut pas trop rapprocher non plus le centre de l'ouverture de la scène, car celle-ci manquerait de la profondeur nécessaire. On ne peut pas enfin développer avec exagération les gradins à droite et à gauche de la salle, car, pour une même surface totale de terrain, la scène aurait moins de profondeur; les places de milieu, c'est-à-dire les meilleures, seraient en moins grand nombre, et les places de côté, c'est-à-dire les moins favorisées, seraient multipliées à l'excès; or, la convenance d'étendre la salle dans le sens de sa longueur et de sacrifier les places latérales les plus éloignées, conduirait à donner à la salle et à la partie visible de la scène une sorte de forme de cerf-volant, dont la pointe serait au centre commun de tous les gradins.

Mais il ne faut pas oublier que dans un théâtre moderne, nécessairement clos de toutes parts et couvert, il n'y a pas qu'un parterre; qu'il importe d'utiliser également les parois verticales de la salle, auxquelles on accroche des galeries superposées qui en font tout le tour. Il faut que les spectateurs, dans les galeries placées sur les côtés de la salle, puissent aussi voir la scène; il faut donc éviter que la courbe que forme le plan de ces galeries s'élargisse trop rapidement à partir de la scène. En faisant rentrer les côtés de cette courbe, on évite de placer les spectateurs les uns derrière les autres dans la direction même du regard. Cette courbe des galeries a donné lieu à des solutions très-variées dont il serait intéressant de faire l'étude comparée; mais nous ne pouvons nous livrer ici à cette étude critique et historique[1]. Faisons remarquer seulement qu'on ne pouvait se contenter de disposer à chaque galerie une seule rangée de siéges; mais en disposant plusieurs rangées de siéges les uns derrière les autres, il fallait ménager le moyen de voir aussi commodément aux derniers qu'aux premiers rangs.

La solution qui semble, à première vue, la plus naturelle, est celle qui est adoptée pour le parterre. Le parterre, en effet, a été disposé sur un plan assez incliné pour que les spectateurs en arrière puissent apercevoir la scène (plus élevée d'ailleurs que le parterre) par-dessus ceux qui les précèdent. Les siéges sont, en outre, répartis de façon qu'une personne se trouve, autant que possible, vis-à-vis de l'intervalle qui sépare celles qui sont devant elle.

Sans parler des dispositions où, pour atteindre ce but, l'on a incliné le sol des galeries en le relevant à partir de la scène, disons que le moyen le plus souvent employé pour étager les spectateurs consiste à répartir

les places des galeries en plusieurs gradins concentriques, que l'on fait souvent plus élevés dans les parties rapprochées de la scène, qui sont celles où le spectateur est le plus gêné pour la vue.

Comme principe général, nous ajouterons que plus les galeries sont placées haut dans la salle, et plus la différence de hauteur de leurs gradins doit s'accentuer; la ligne des têtes des spectateurs prolongée doit atteindre tout au moins le rebord du proscenium, pour que la scène soit tout entière visible pour chacun.

Afin d'augmenter davantage le nombre des spectateurs, on dispose en général, au-devant des premières galeries, un large balcon avançant au-dessus du parterre. Rarement on ajoute un balcon aux galeries supérieures, parce que ces avancées retirent l'air et la lumière aux spectateurs au-dessous. Des balcons trop nombreux assombriraient la salle, en créant à tous les étages de véritables cavernes obscures, et s'opposeraient à la circulation si nécessaire de l'air.

D'ailleurs, suivant une observation de M. Davioud, des balcons aux étages supérieurs nécessiteraient dans la gradination des galeries placées derrière ces balcons, pour faciliter la vue, des pentes d'une raideur excessive.

On est cependant parvenu à multiplier encore le nombre des places aux galeries supérieures en y disposant des amphithéâtres en gradins, qui, au lieu de s'avancer comme les balcons, s'étendent en arrière, en empiétant sur les corridors du pourtour.

Remarquons que la salle ne saurait pas plus s'étendre indéfiniment en hauteur qu'en profondeur. L'élévation dont on peut disposer pour la salle est dépendante de la hauteur de la bouche de la scène, qui ne peut elle-même dépasser, comme nous allons le faire voir, une certaine limite. Non-seulement on serait rapidement amené par ces élévations excessives à des formes disgracieuses, mais, de plus, avec le système actuel de machination, la scène devant être surmontée d'espaces libres d'une hauteur au moins égale à la sienne, on serait forcément amené, en exagérant la hauteur de l'ouverture de la scène, à donner une excessive hauteur aux murs de la scène que ne relient aucun refend. En outre, comme nous le verrons plus loin, au delà de certaines limites, plus un plafond est élevé, moins il est favorable à l'acoustique.

Pour déterminer l'élévation de la salle, on mène, en général, du point de vue placé sur la toile de fond, à 1 mètre environ au-dessus du plancher de la scène, et dans l'axe de celle-ci, un rayon passant aux deux tiers de la hauteur du cadre de l'ouverture de la scène. A sa rencontre avec le mur de la salle placé vis-à-vis, ce rayon détermine la limite au-dessus de laquelle les spectateurs ne pourraient plus apercevoir qu'une partie insuffisante de la scène. Ceci constitue une sorte de règle pratique que l'expérience semble avoir consacrée[1].

Il faut, avons-nous dit en commençant ce chapitre, tenir compte également des nécessités de l'acoustique. Cette question intéresse à la fois la forme de la salle et

---

1. Dans la seconde Conférence nationale des architectes de l'année 1873, M. Davioud s'est attaché à exposer l'historique des transformations des formes du théâtre depuis le moyen âge jusqu'à nos jours. On trouvera cette conférence dans les *Annales de la Société centrale des Architectes* de 1873.

1. Voyez l'*Architectonographie des Théâtres*, par Alexis Donnet et Orgiazzi, continué par J. A. Kaufmann, 1837, p. 82 à 87.

les matériaux qui entrent dans sa construction et sa décoration.

Il existe de grandes divergences entre les hommes qui ont eu à s'occuper de ces questions : les uns voulant pour la salle la forme circulaire, d'autres la forme elliptique, d'autres la forme parabolique ; les uns voulant les parois massives en pierre de taille capable de réfléchir le son, les autres les recommandant légères et sonores pour qu'elles puissent vibrer ; les uns recherchant les saillies des balcons et des avant-scène, afin d'augmenter la surface totale réfléchissante, les autres exigeant des parois unies pour que le son, au contraire, ne puisse s'éparpiller ; les derniers enfin ne voulant absolument rien et « attendant tout du hasard [1]. »

On comprend que sur un sujet si controversé et, il faut bien le dire, encore si peu étudié et si peu expérimenté par les méthodes rationnelles, nous n'aurons garde d'émettre une théorie, et on comprendra aussi que nous ne prétendons pas donner la solution de problèmes aussi compliqués ; nous nous contenterons de placer ici quelques observations dans le but d'écarter des idées inexactes, et de rappeler des principes dont il est prudent de ne pas s'écarter.

Lorsqu'un son se produit, les objets environnants sont influencés et réagissent sur lui de plusieurs manières qu'il est important de distinguer.

On sait que, sous un rayon lumineux, les corps se comportent autrement les uns que les autres : ceux-ci, opaques et mats, comme le velours, le noir de fumée, l'absorbent en l'éteignant ; ceux-là transparents, comme le verre, se laissent traverser par lui sans le retenir ; les autres enfin, comme le métal des glaces, le renvoient sans se laisser pénétrer par lui. Les phénomènes que présentent les corps à l'arrivée d'un son offrent la plus étroite analogie avec ceux que nous venons de rappeler. Certains de ces corps, compactes et résistants, comme la pierre, réfléchissent le son en produisant un écho ; certains, comme les bois secs et légers, se laissent traverser et vibrent à l'unisson ; les derniers absorbent le son en l'éteignant : ce sont les corps mous, épais, comme les lourdes tentures, les étoffes.

Certes, une salle ne doit pas être constituée de façon à étouffer les sons ; mais doit-elle résonner elle-même comme la caisse d'un instrument de musique ? Dans ce cas il faudrait la faire légère, toute en minces cloisons. Doit-elle seulement réfléchir et renvoyer le son ? Alors elle devrait être solide, résistante, bâtie de pierres massives. Ici est, comme on le voit, la différence de points de vue qui est une des causes essentielles des divergences d'opinion que nous citions tout à l'heure.

Mais il ne suffit pas de déclarer qu'une salle doit être construite en pierre de taille ou ne former qu'une carcasse de bois léger. Il faut auparavant décider qu'on la veut résonnante ou qu'on veut qu'elle réfléchisse les sons et alors justifier sa préférence.

Pour l'*orchestre* qui reçoit les musiciens et les instruments, pour le *proscenium* qui reçoit les chanteurs, on prend de grandes précautions pour que les planchers qui les composent, en bois très-légers, très-secs, soient bien isolés : on ménage au-dessous de grands espaces vides ; on diminue autant que possible la surface de contact avec les supports ; on prenait, autrefois surtout, la précaution de faire l'appui qui sépare l'orchestre de la salle, au moyen de deux cloisons isolées l'une de l'autre. Au prix de toutes ces précautions, l'orchestre devient un instrument délicat et docile, prêt à vibrer au moindre ébranlement ; on arrive à réaliser pour cette partie du théâtre ce qui se fait pour la caisse d'un piano qui, construit avec le plus grand soin et avec un art infini pour être un instrument de résonnance, est encore écarté des murs et des draperies et isolé du tapis et du sol par des pieds de verre.

Une construction capable de résister au poids de plusieurs milliers de personnes, reposant sur de massives fondations, portant plusieurs étages de galeries chargées de siéges et de spectateurs, pourrait-elle, comme les planchers spéciaux dont nous venons de parler, devenir à son tour un instrument à la fois gigantesque et d'une exquise sensibilité ? Assurément une telle entreprise présenterait de bien grandes difficultés.

La salle, ce grand vaisseau, ne doit pas absorber le son ni se laisser traverser par lui pour qu'il s'échappe au dehors. Le son doit arriver à l'oreille du spectateur, le moins atténué et le moins troublé possible ; c'est là le vrai problème à résoudre, mais qui n'est certainement pas encore pleinement résolu.

On a quelquefois objecté que, dans une salle en maçonnerie ou à parois réfléchissantes, les échos produits peuvent venir répéter les paroles de l'acteur ou les sons de l'orchestre, et s'enchevêtrer avec eux, en produisant un effet des plus désagréables. Nous ne croyons pas que ces fâcheuses répétitions se produisent dans beaucoup de théâtres lorsque ceux-ci sont remplis de leur public : les échos, dans une salle dont les parois disparaissent en grande partie derrière les spectateurs, n'ont pas une assez grande puissance et sont d'ailleurs trop vite interceptés sur leur trajet. Le plafond seul pourrait produire un semblable effet si la forme qu'il affecte était vicieuse, ce qu'il est facile d'éviter.

Ici encore il ne s'agit, à notre avis, que de bien comprendre les faits qui se produisent. Un son émis progresse à la fois dans toutes les directions avec des intensités inégales, et peut arriver simultanément à de nombreux auditeurs ; en outre, à chacun de ces auditeurs arrive, successivement et par des voies diverses, des portions différentes du même son. C'est qu'en effet une partie du son parvient à lui directement, tandis que d'autres parties n'arrivent à lui que réfléchies par les surfaces environnantes.

Deux impressions consécutives ne se distinguent l'une de l'autre pour l'oreille que lorsque l'intervalle qui les sépare a une certaine durée ; au-dessous de cette limite, que l'on connaît très-exactement, les deux sons se confondent. Pour que l'effet de répétition dont on parle se produise dans une salle publique, il faut donc que la portion d'un son qui est réfléchie arrive à l'oreille de l'auditeur avec un certain retard sur la portion de

---

[1] Cette dernière façon de voir est celle de M. Ch. Garnier, l'architecte du grand Opéra de Paris, dont l'opinion, en matière de construction théâtrale, doit certainement être prise en considération.

son qui lui est arrivée directement, et, pour cela, qu'elle ait parcouru un trajet plus long d'une certaine quantité. Ces faits se traduisent, comme on le sait, en chiffres précis, et l'on peut affirmer que le son réfléchi ou l'écho ne paraîtra succéder au son lui-même, au lieu de se confondre avec lui et de lui restituer une portion de l'intensité qu'il a perdue dans le trajet, que si, pour arriver à l'auditeur, le parcours total, y compris le trajet après réflexion, est plus grand que le parcours du son direct, de 15 ou 20 mètres environ [1].

Que conclure de là? — Qu'il ne faut pas compter sur l'écho comme moyen de restitution du son perdu, au delà d'une certaine distance. On ne doit pas essayer et il faut même éviter de renvoyer le son parvenu au fond de la salle, par exemple, sur les premiers rangs du parterre; de même, si dans une salle un peu élevée le plafond renvoyait aux étages inférieurs les ondes sonores, celles-ci arriveraient avec un retard notable, répétant chaque note et s'enchevêtrant à la note suivante [2].

L'écho produit sur la paroi ne doit donc profiter qu'aux spectateurs voisins du point où il s'est produit. Il n'y a qu'une seule partie de la salle qui puisse être disposée de façon à renvoyer au loin, sans inconvénient, les sons qu'elle reçoit : celle qui avoisine la scène. C'est qu'en effet les sons réfléchis par elle, étant renvoyés très-près de leur point d'émission, n'ont subi qu'une déviation insignifiante qui leur permet d'arriver presque en même temps que le son direct et de se confondre sensiblement avec lui.

On pourrait donc considérer dans la salle deux parties de fonctions différentes : l'une, la partie centrale, la plus éloignée de la scène, reçoit; l'autre, la plus rapprochée de la scène, est chargée de transmettre. C'est pour satisfaire à ces deux conditions que l'on donne en général au mur d'enceinte de la salle une forme en fer à cheval arrondi dans la partie qui fait face à la scène, mais dont les parties latérales, convergeant vers le fond de la scène, forment un rétrécissement favorable à l'émission du son.

Cette forme crée des obstacles à la vue des spectateurs placés sur les côtés : on y remédierait à la condition de sacrifier une partie des qualités acoustiques de la salle, en donnant plus de largeur à l'ouverture de la scène. L'architecte aura à peser ces avantages et ces inconvénients en tenant compte de la nature des représentations auxquelles le théâtre est destiné. On doit tou-

jours éviter les saillies qui intercepteraient le regard; on peut, de plus, disposer à l'extrémité des balcons des retours faisant face à la scène, dont les courbes accentuées contribuent d'ailleurs à donner plus de mouvement et d'élégance à l'aspect général; enfin on doit étager dans les balcons de côté des gradins assez élevés pour que les spectateurs puissent voir les uns par-dessus les autres.

Une dernière observation sur les avantages et les inconvénients qu'il y a à donner au proscenium une forte saillie dans l'intérieur de la salle : nous avons déjà raconté ailleurs que Nourrit, le grand artiste, voulait bien écouter avec bonté les observations que nous exprimions librement sur les choses du théâtre, dans le sens de l'admiration ou du blâme, suivant les impressions diverses qu'elles nous faisaient éprouver; parlant un jour du *Paradoxe du comédien*, de Diderot, nous lui demandions son opinion sur cette thèse : L'artiste doit-il s'abandonner aux chances de l'inspiration, ou doit-il s'astreindre méthodiquement à la règle?

« Il faut de l'un et de l'autre; de l'inspiration et du calcul, répondit Nourrit. Avec de l'inspiration seule, pas de sécurité; avec les seuls procédés de l'étude, trop de monotonie... Mais il est donné à l'*architecte*, plus que vous ne pensez, jeune homme, de pouvoir influer sur cette précieuse inspiration, source d'une si grande force pour l'artiste; il dépend beaucoup de l'architecte de faire arriver jusqu'à nous ou de détourner de nous ce courant magnétique qui passe du public à l'artiste et le transporte. Si jamais vous êtes chargé de construire un Opéra, pensez-y bien, avancez hardiment la *rampe dans le parterre*, faites que le chanteur se sente comme enveloppé de l'auditoire et touché de toutes parts de ses regards sympathiques. Quant à moi, je m'avance souvent le plus près possible de la rampe, pour y rencontrer la force précieuse qui se puise au contact de ce public si intelligent et si sympathique de l'Opéra de Paris. »

Nous avons cru que c'était pour nous un devoir de rappeler cette recommandation du grand artiste, et de placer ce souvenir sous l'autorité qui s'attache à sa renommée. Nous avons plus d'une fois raconté cette anecdote, et nous l'avons plus d'une fois aussi retrouvée dans des publications périodiques, mais toujours chargée de quelque enjolivement apocryphe.

« C'est le comédien qui parlait, et non le chanteur, » nous fait observer M. Davioud. On comprend bien que les spectateurs placés en arrière ou sur le côté d'un chanteur sont dans de mauvaises conditions acoustiques. « Provost, qui était un grand comédien, ajoute M. Davioud, m'avait initié aux secrets de cette communication nécessaire entre l'acteur et son public. Il pensait comme Nourrit, mais c'est à un autre point de vue que celui de l'acoustique. »

Nous citons les observations qui précèdent afin que le lecteur puisse peser, suivant la destination de la salle, les avantages et les inconvénients qui s'attachent à telle ou telle disposition du proscenium.

Ajoutons enfin que, dans les grandes salles lyriques, l'orchestre nombreux placé en avant de la rampe, au point le plus favorisé par les dispositions acoustiques,

---

1. Le calcul exact de la limite inférieure de cette différence serait le suivant : de ce fait que le son le plus grave que puisse percevoir l'oreille humaine correspond à 32 vibrations par seconde, on doit conclure que le plus petit intervalle perceptible à l'oreille est de $1,32^e$ de seconde. Or, en $1,32^e$ de seconde, le son, dont la vitesse est de 327 mètres, quelle que soit sa hauteur, parcourt $10^m.63$. Il faut donc qu'un son réfléchi, pour commencer à apparaître distinct du son direct, ait parcouru au moins $10^m.63$ de plus que ce dernier. C'est là une limite extrême, et il faudrait prêter une assez grande attention pour que l'oreille distinguât, dans ces conditions, le son direct de l'écho; pour la pratique, nous pensons que cette limite peut être portée hardiment à 15 ou 20 mètres.

2. Le numéro du *Builder* du 6 juin 1874 indique un remède aux inconvénients des échos dans les salles publiques, remède consistant dans l'emploi de fils de cuivre tendus qui auraient, dit l'auteur de l'article, la propriété d'annuler les échos. Ce procédé, signalé pour la première fois en Amérique, aurait été expérimenté avec succès, à Londres, dans l'église de Saint-André, et dans la cathédrale de Saint-Finbar à Cork.

Voir le *Builder* pour la pratique du procédé et pour l'explication du phénomène.

acquiert une telle puissance, qu'il domine et couvre la voix des artistes. Peut-être doit-on chercher à moins avancer dans l'intérieur de la salle l'espace qui lui est réservé, et à en reporter une plus grande partie sur les côtés de la rampe[1].

Quelques circonstances indépendantes de la forme de la salle ont parfois une influence considérable sur sa sonorité. Le mode de chauffage et de ventilation doit être cité en première ligne. On sait, et l'on s'est assuré par les expériences faites sur les nouveaux théâtres de la place du Châtelet, qu'au lever du rideau se produit naturellement, lorsqu'il n'est pas contrarié par le mode de ventilation, un courant d'air froid de la scène vers le lustre, sous forme de cône recourbé dont la base a pour section toute la bouche de la scène. Cette nappe montante d'air froid s'interpose entre la scène et les spectateurs et intercepte les sons au passage, en les entraînant vers le lustre, ce que l'on constate lorsqu'on se place au-dessus de celui-ci ; on entend alors les acteurs beaucoup mieux que dans l'intérieur de la salle. Une objection a été faite pour démontrer le peu d'influence de ce courant d'air sur la propagation du son. Le son, a-t-on dit, a une vitesse trop grande par rapport à celle de ce courant, qui n'est que d'un mètre environ par seconde, pour que son mouvement puisse être sensiblement modifié par lui. Cette objection ne nous paraît pas entièrement fondée. Tout mouvement est défini par deux éléments : la vitesse et la masse ; la vitesse de la nappe d'air interposée est très-faible sans doute par rapport à celle du son, et, par suite, peut altérer sensiblement sa direction ; mais on ne saurait nier que sa masse n'ait une beaucoup plus grande influence sur le son émis par une voix humaine. L'observation subsiste donc, et il sera bon d'en tenir compte dans le choix des dispositions à adopter pour la ventilation d'un théâtre.

Le nombre des décorations suspendues aux cintres, au-dessus de la scène même, peut également contribuer à renvoyer vers la salle une partie de la voix des acteurs ; leur absence peut au contraire être nuisible. Dans certains théâtres, dont le répertoire très-varié exige que l'on conserve sur place un grand nombre de décors, les cintres sont encombrés de ciels, bandes d'air et plafonds qui remplissent l'énorme espace qui est réservé au-dessus de la scène. Ces toiles, lorsqu'elles sont assez serrées les unes contre les autres, arrêtent et renvoient le son qui se perdrait dans les hauteurs de ces espaces vides. Dans les théâtres dont les cintres sont dégarnis, on remarque que la voix semble arriver du dehors et paraît bien plus éloignée.

II. — Théâtre du Châtelet.

La salle du *Châtelet* présente en plan les dispositions que nous allons décrire.

Le mur qui forme la cage extérieure de cette salle est composé de trois parties (voyez *pl.* 4-5 à 16-17) : deux pans de mur parallèles à l'axe longitudinal, reliés par un mur en arc de cercle.

À l'intérieur de ces murs, la cloison qui forme l'appui ou le devant des loges décrit une demi-circonférence terminée par deux tangentes parallèles à l'axe longitudinal du théâtre.

Le balcon qui, au premier étage (*pl.* 10-11), s'étend en avant des loges, est de même composé d'une demi-circonférence, mais dont le centre est plus avancé vers la scène, et de deux tangentes parallèles aussi à l'axe longitudinal. La partie du balcon contre la scène se termine par deux quarts de cercle faisant face à celle-ci.

Le rayon du mur en arc de cercle de la salle est de 13 mètres ; celui de l'appui des loges, de 8m.20 ; celui qui donne la forme du balcon, de 6m.50. La plus grande profondeur, comptée depuis le mur qui sépare la salle de la scène jusqu'au mur du pourtour de la salle, est de 22m.70.

À partir du premier étage, les galeries sont en retraite les unes sur les autres. Ces galeries sont toujours formées par une demi-conférence terminée par deux tangentes parallèles à l'axe, et ces demi-circonférences ont toutes le même centre ; d'où résultent, à ces divers étages, les dimensions suivantes :

	1er étage	2e étage	3e étage	4e étage
Profondeur comptée depuis le rideau jusqu'à l'appui des loges des galeries.................	17m.80	18m.20	18m.60	19m.
Largeur comptée entre les appuis des galeries.............	15m.80	16m.60	17m.10	18m.20

La hauteur de la salle (voir *pl.* 24-25), prise à la naissance de la coupole en verre dépoli, est de 20 mètres au-dessus du plancher de l'orchestre.

Le *Théâtre du Châtelet* étant destiné à des représentations féeriques et militaires qui attirent un grand concours de public, l'architecte devait avoir en vue principalement de faciliter aux spectateurs la vue de la scène qui devait être très-vaste, et de disposer sa salle pour qu'elle renfermât le plus grand nombre de places possible. À ces deux exigences de vue et de nombre pouvaient, sans trop d'inconvénients, se subordonner les questions acoustiques dans un théâtre de ce genre.

Ce furent ces considérations qui conduisirent à la forme de salle adoptée. L'ouverture de la scène fut fixée à 12 mètres, et la salle, au lieu de se rétrécir vers la scène, conserva entre les balcons une largeur de 13 mètres. La forme demi-circulaire avec tangentes normales à la scène était plus favorable à la vue que la disposition en fer à cheval avec des côtés rentrant vers l'ouverture de la scène, qui est plus généralement employée pour les théâtres de chant.

Pour gagner le plus grand nombre de places possible, les avant-scène furent entièrement supprimées[1]. La

---

[1] M. Davioud nous fait les observations suivantes : « On a cherché bien des solutions pour le placement de l'orchestre ; pour moi, je n'en vois pas de préférable à celle adoptée : l'accompagnateur doit être près du chanteur. Il serait préférable qu'il fût derrière, mais alors il n'y a plus d'effet scénique... Les bons chefs d'orchestre savent mesurer l'importance et la sonorité des instruments sur le développement de la voix à soutenir. Tout le secret de l'accord entre l'orchestre et la scène est là, à mon avis ».

[1] Ce ne fut pas la seule raison : l'objet de M. Davioud était de « faire un théâtre démocratique où des obstacles latéraux ne gêneraient pas la vue de la scène, et surtout de supprimer ce qui existe dans les avant-scène des théâtres secondaires, c'est-à-dire des nids de *roucoulettes* et de *verres* étalant leurs grâces devant une population de jeunes filles et d'honnêtes mères de famille ».

scène n'est encadrée que par une large bordure à moulures vigoureuses qui se relie directement à la voussure du plafond et aux devantures des galeries. On a donné au balcon en saillie du premier étage une grande largeur : 4^m.80 dans la partie centrale. Trois amphithéâtres sont disposés aux étages supérieurs, le dernier occupe toute la profondeur disponible jusqu'au mur de pourtour extérieur.

L'inclinaison des galeries des amphithéâtres permet de voir non-seulement toute la scène, mais même l'orchestre.

Bien que ce théâtre fût surtout un théâtre populaire, la première galerie fut occupée par des loges à salons sur l'arrière. Les cloisons séparatives sont faites de panneaux qui affectent une forme coudée, les parties postérieures convergeant vers l'intérieur de la salle, et les parties antérieures convergeant vers l'orchestre. L'appui des loges est divisé par ces dernières en intervalles égaux. Toutes les loges ont ainsi sur le devant la même largeur.

Il est nécessaire, en effet, que les cloisons de la partie postérieure aient toute la hauteur de la loge : les spectateurs d'une loge tiennent à être séparés de leurs voisins : chacun veut être chez soi. La séparation peut ne pas être aussi complète sur le devant ; la cloison de toute hauteur gênerait beaucoup la vue si elle s'avançait jusqu'au rebord de la galerie ; il est bon d'ailleurs que la portion antérieure de la cloison séparative des loges soit découpée de façon à permettre de communiquer de loge à loge, pour peu que l'on se penche légèrement en avant, et de supprimer cette communication, pour peu que l'on s'incline légèrement en arrière.

De grandes arcatures reposant sur des colonnettes montant de fond supportent la coupole du plafond ; elles forment le motif principal de la décoration. Les entre-colonnements sont au nombre de neuf formant les baies qui correspondent aux quatrième et cinquième étages, tous deux occupés par le dernier amphithéâtre. Aux deux étages au-dessous (troisième et deuxième), l'intervalle est divisé de façon à former à chaque étage dix-huit entre-colonnements. Au premier étage, par une nouvelle subdivision, les entre-colonnements sont portés au nombre de trente-six, qui est celui des loges de cette galerie.

La partie centrale du plafond est occupée par un cône très-aplati en verre dépoli servant à l'éclairage, et qui repose sur une voussure elliptique.

Entre-sol. (Pl. 8-9.) — Le parterre est occupé par neuf rangées et demie[1] de fauteuils d'orchestre (*11*), cinq de stalles d'orchestre (*14*), et neuf de stalles (*16*) de parterre proprement dit.

La profondeur des fauteuils, comptée de dos à dos, est en moyenne de 0^m.84 ; leur largeur, de 0^m.52. La profondeur des stalles d'orchestre est de 0^m.71, la largeur de 0^m.50. La profondeur des stalles de parterre est de 0^m.55, la largeur de 0^m.43.

L'accès aux fauteuils d'orchestre se fait par deux

1. Nous comptons comme demi-rangée la file de fauteuils qui est interrompue par l'orchestre des musiciens.

entrées (*10*) placées aux extrémités des couloirs (*8*), près des avant-scène. La largeur de ces entrées est de 1^m.20. Un passage est ménagé de chaque côté jusqu'au dernier rang qui, occupant toute la largeur du parterre, forme séparation des fauteuils et des stalles. Chaque passage a environ 0^m.75 de largeur.

Cette disposition est la plus employée dans nos théâtres de France. Dans certains théâtres d'Italie et d'Espagne, l'entrée se fait par un passage unique placé suivant l'axe longitudinal, d'une largeur souvent considérable. Ce système a, suivant nous, le double inconvénient de supprimer les meilleures places (à moins qu'on n'occupe le passage par des strapontins mobiles, qui sont toujours embarrassants pour les passants et pour les occupants) et d'être un débouché commun pour l'orchestre et le parterre. Cependant M. Davioud, qui est partisan de cette disposition, adoptée depuis longtemps au Théâtre-Italien, avait voulu la réaliser au *Théâtre-Lyrique*; le directeur s'y est opposé. Le mieux, au point de vue de la circulation, serait de réunir ces deux systèmes, en employant à la fois le passage central et les deux passages latéraux ; mais trop de places seraient sacrifiées, et peu de directeurs accepteraient cette combinaison.

Les stalles d'orchestre ont 0^m.74 de profondeur et 0^m.50 de largeur. Elles sont desservies par deux entrées (*13*) ayant chacune une largeur décroissante de 1^m.50 à 1^m.10, et deux passages latéraux, de 0^m.60 environ.

Les mêmes entrées servent au parterre qui a, de plus, une entrée spéciale (*15*) placée dans l'axe, d'une largeur de 1^m.25. Un passage circule autour du parterre.

Le parterre est assez profond pour s'étendre jusqu'au droit de la ligne qui, aux étages supérieurs, sépare les loges de leurs salons. Il est donc recouvert par les loges et le balcon du premier étage.

Les stalles de ce parterre ont en moyenne une profondeur de 0^m.55 et une largeur de 0^m.43.

L'entre-sol reçoit en plus, sur les côtés, les baignoires (*9*) et les places de pourtour (*12*) qui sont à l'aplomb des loges de côté de l'étage supérieur. Ces places se trouvent à la même hauteur que le couloir extérieur (*8*), c'est-à-dire que le dernier rang du parterre, et dominent par conséquent l'orchestre.

L'inclinaison donnée au plancher du parterre, pour faciliter la vue, est de 1/20, soit de 0^m.05 par mètre, ce qui est suffisant vu l'inclinaison de la scène.

Premier étage. (Pl. 10-11.) — Cet étage est occupé par le balcon et les loges de première galerie. Le balcon est desservi par deux couloirs d'entrée larges de 1^m.25 situés aux extrémités, contre les avant-scène, et qui descendent du corridor de pourtour jusqu'au niveau du second rang de sièges ; une marche en retour descend au premier rang ; deux autres entrées, plus rapprochées du centre, occupent chacune la place d'une loge et donnent accès à deux passages de 0^m.60 de largeur. La profondeur moyenne d'une stalle de balcon est de 0^m.90, la largeur 0^m.48.

Toutes les loges ont, comme il a été dit, une même largeur sur le devant, de 1^m.20 d'axe en axe.

Les couloirs sont au niveau des loges; on descend pour arriver au dernier rang du balcon de face.

Les loges ont chacune un salon. Pour former la loge destinée au chef de l'État, on enlève la cloison qui sépare les deux loges du milieu; cette loge (5) est accompagnée d'un salon dont une partie est occupée par un escalier de dégagement descendant à l'entre-sol. On accède donc à cette loge en passant du rez-de-chaussée à l'entre-sol par les grands escaliers du vestibule principal; de là au premier étage par le petit escalier dérobé.

L'habitude est de placer la loge officielle dans l'avant-scène de gauche; pour un théâtre à grandes représentations féeriques et militaires, il a paru plus convenable de placer cette loge au fond de la salle et sur l'axe, au point d'où l'on saisit le mieux l'ensemble de la décoration et de la mise en scène.

À ce même étage est placé le foyer (2), précédé d'un grand vestibule ou anti-foyer qui s'étend au-dessus des escaliers d'entrée principaux et de la salle d'attente du rez-de-chaussée; le foyer occupe tout l'espace pris par le vestibule du rez-de-chaussée. Une galerie couverte ou *loggia* (3) parallèle au foyer occupe la façade; elle est percée de cinq grandes arcades à jour, et le public peut, pendant les entr'actes, s'y promener et respirer l'air du dehors.

Deuxième et troisième étages. (Pl. 12-13.) — La disposition d'ensemble est la même pour les deux étages. Sur les côtés on a placé au deuxième étage deux rangs et au troisième étage trois rangs de stalles dites des galeries de côté. Les places de face sont étagées sur cinq rangs au deuxième étage, et sur six rangs au troisième étage où elles forment le premier amphithéâtre. Comme on le voit, on a cherché à multiplier les stalles de face, qui sont les meilleures, et l'on a sacrifié celles de côté, qui n'ont pas la même valeur.

Au deuxième étage, les places de galerie de face ont 0^m.83 en profondeur et 0^m.50 en largeur; celles des galeries de côté ont des dimensions un peu moindres que les précédentes.

Au troisième étage, la dimension moyenne des places est de 0^m.62 en profondeur et de 0^m.48 en largeur.

Les galeries de côté ont deux entrées à droite et deux entrées à gauche; chacune de ces entrées a 0^m.80 de largeur. Les galeries de face ont cinq entrées (les deux extrêmes servant également pour les galeries de côté) dont la largeur décroît de gradin en gradin, et de 1^m.30 passe à 0^m.60.

Les couloirs sont au niveau du gradin du troisième rang des stalles au deuxième étage, du quatrième rang au troisième étage; les entrées ou passages ont une marche correspondant à chacun des premiers gradins.

Quatrième étage. (Pl. 14-15.) — Cet étage est occupé par la troisième galerie ou deuxième amphithéâtre, formée par six gradins de face et quatre de côté. Quatre entrées de face, larges de 1^m.30 y donnent accès.

Le couloir extérieur étant au niveau du deuxième gradin seulement, les entrées présentent plusieurs marches.

La profondeur des places est de 0^m.60, la largeur de 0^m.45.

Un foyer secondaire (2) est affecté au public de cette galerie; son sol est de quatre marches en contrebas du couloir. Les dimensions sont les mêmes que celles du foyer principal placé au-dessous. Il est accompagné d'un second foyer (3) formant galerie ouverte sur la façade et qui correspond à la galerie couverte du premier étage.

Le troisième amphithéâtre, composé de cinq gradins, n'est, en réalité, que la continuation du deuxième amphithéâtre, desservie par un corridor spécial. Ce corridor étant placé au niveau du premier rang, chacune des deux entrées est pourvue de huit marches montantes.

La profondeur des places est de 0^m.60.

— — — — —

Le couloir du premier étage a 3^m.20 de hauteur comptée de dessus en dessus des planchers; pour les couloirs supérieurs, cette hauteur est d'environ 3 mètres.

Au premier étage, ainsi que nous le signalions, les loges sont de plain-pied avec le couloir. Les diverses galeries sont garnies d'un nombre variable de gradins. Il est cependant nécessaire qu'au-dessus du plus élevé de ces gradins il reste à chaque galerie une hauteur suffisante : cela a conduit à donner à ces couloirs les hauteurs que nous avons indiquées.

Les loges du premier étage ont 2^m.10 de hauteur sous le plafond. Au-dessus du dernier gradin du deuxième étage, il reste 2 mètres; au-dessus du premier gradin, la hauteur est de 2^m.20.

Au troisième étage, il y a 3^m.20 au-dessus du premier gradin, et 2 mètres au-dessus du sixième gradin.

Au-dessus du dernier gradin du troisième amphithéâtre, la hauteur est d'environ 2 mètres.

III. — Théâtre-Lyrique.

La disposition de la salle de ce théâtre offre des différences marquées avec celle qui a été adoptée pour le *Théâtre du Châtelet;* ces différences sont justifiées par le caractère différent d'une salle de musique, où les lois de l'acoustique devaient être plus soigneusement observées, et par la nécessité d'utiliser autant que possible la largeur d'un terrain auquel manquait la profondeur.

En examinant la forme générale de cette salle (voy. pl. 44), on remarquera qu'elle est rétrécie vers la scène, dont l'ouverture a une largeur de 14^m.60. Des avant-scène, qu'exigeait l'aspect plus riche à donner à cette salle, viennent encaisser la scène et favoriser l'émission du son. M. Davioud nous fait, en outre, part de l'observation suivante : « les avant-scène sont un besoin des salles aristocratiques. Il fallait d'ailleurs la loge du chef de l'État et celle du préfet. Dans un théâtre de musique, il est bon de les admettre aux côtés latéraux de la scène. Ces places sont la tradition des *bancs du théâtre.* » L'arrière-voussure qui les relie d'un côté à l'autre et surmonte l'ouverture de la scène permet de favoriser l'acoustique en renvoyant le son aux places de face.

La forme des balcons et des appuis de loges procède d'une courbe où le compas n'a que peu d'action. Une épure spéciale a été tracée, et on peut voir que les courbures de la *Scala* et de la salle de Soufflot n'ont pas été sans influence. M. Davioud a tracé la courbe qui a répondu le mieux à son sentiment et, au moyen d'une épure définitive, est arrivé à réaliser cette courbe par des procédés géométriques.

La paroi extérieure de la salle est décrite suivant deux quarts de cercle dont les centres sont écartés de 3m.50. On utilise mieux ainsi la largeur, en empiétant sur les angles antérieurs du rectangle qui circonscrit la salle, plus qu'on ne l'eût fait avec un centre unique. Les deux quarts de cercle sont complétés et raccordés par trois tangentes parallèles aux trois murs qui enveloppent la salle et limitent les couloirs.

La largeur totale de la salle est de 20m.50. La profondeur est de 19m.30 jusqu'au fond des loges.

A partir du deuxième étage, les galeries sont en retraite les unes sur les autres; d'où résultent, aux divers étages, les dimensions suivantes :

	1er étage	2e étage	3e étage	4e étage
Profondeur comptée depuis le rideau jusqu'à l'appui des loges de face	16m. »	16m. »	16m. »	17m.60
Largeur comptée entre les appuis des galeries opposées	16m. »	16.m »	13m.60	18m. »

La plus grande largeur entre les appuis des balcons opposés est de 12m.50.

La hauteur de la salle, comptée depuis le plancher de l'orchestre jusqu'à la corniche qui supporte la coupole vitrée, est de 17 mètres.

De grandes arcatures reposant sur des colonnettes montant de fond supportent ici, comme au Châtelet, la coupole du plafond; elles forment le motif principal constructif et décoratif. Les entre-colonnements sont au nombre de quinze, tant au quatrième étage qu'à celui immédiatement au-dessous; aux deuxième et premier étages, chacun de ces entre-colonnements est occupé par deux loges.

Les cloisons brisées ont été adoptées ici comme au Châtelet.

Le mode d'éclairage est le même : la voussure du plafond est surmontée d'un cône très-applati en fer et verre dépoli.

Entre-sol (pl. 43). — Au parterre se logent cinq rangées et demie de fauteuils d'orchestre (*14*), deux rangs de stalles d'orchestre et trois rangs de stalles de parterre [1].

La profondeur des fauteuils est de 0m.76, la largeur de 0m.52. La profondeur des stalles est de 0m.76, la largeur de 0m.50.

Quatre entrées latérales (*13*), dont chacune occupe la place d'une baignoire, donnent accès à l'orchestre; la largeur de ces entrées est de 1m.25. Une entrée placée dans l'axe (*13′*) débouche sur le parterre; sa largeur est de 2m.30.

La disposition des passages de l'orchestre et du parterre est la même qu'au *Théâtre du Châtelet*.

L'inclinaison donnée au plancher du parterre est de 0m.04 par mètre d'après les renseignements qui nous sont fournis par M. Davioud.

L'entre-sol reçoit de plus, sur les côtés, des baignoires, des places de pourtour dans les angles et, au fond, des baignoires de face qui s'étendent sous les loges du premier étage. Ces baignoires sont au niveau du couloir extérieur (*8*).

Premier étage (pl. 44). — Le balcon n'a que deux rangs; il a deux entrées placées chacune à peu près au tiers du développement de ce balcon. Ces entrées occupent chacune la place d'une loge. La profondeur des stalles de balcon est de 0m.87, la largeur de 0m.50.

Les loges ont toutes des salons; leur nombre est de vingt-six, à quoi il faut ajouter les deux entrées du balcon dans lesquelles on place des strapontins. Comme au Châtelet, le devant des loges, égal pour toutes, a une largeur de 1m.45 d'axe en axe.

Les avant-scène ont une largeur de 3m.45. La loge officielle est reportée, comme d'habitude, dans l'avant-scène de gauche. Cette loge, outre son salon, a son escalier et son vestibule spécial.

Du couloir (*7*) on monte une marche pour entrer dans les loges, et on descend une marche pour arriver au second gradin de balcon.

Le foyer (*12*) placé à cet étage a les dimensions du grand vestibule du rez-de-chaussée. A chacune des extrémités du foyer se trouve un grand salon (*13*). L'espace n'a pas permis d'ajouter une galerie couverte.

Deuxième étage (pl. 45). — Le deuxième étage ne contient que des loges en tout semblables, pour leurs dispositions, à celles de l'étage inférieur. Ces loges sont au nombre de vingt-huit, à cause de la suppression des entrées de balcon.

La profondeur de ces loges varie, comme au premier étage, de 2m.50, près de l'avant-scène, à 3m.70 pour les loges correspondant aux angles, et 3m.45 pour les loges de face.

Le couloir (*3*), qui est d'une marche en contre-haut du sol des loges, est au niveau des salons.

Troisième et quatrième étages (pl. 46). — Sur les plans gravés de ces étages, conformes à l'ancienne disposition — disposition légèrement modifiée dans la nouvelle salle — le troisième étage est composé de deux rangs de fauteuils dits de deuxième balcon (*6*) et deux rangs de stalles (*7*). Le balcon a une entrée, à chaque tiers de son développement, de 0m.80 de largeur; les stalles ont, de chaque côté, une entrée pour les stalles de face, avec 1 mètre de largeur, et, à chaque extrémité, contre l'avant-scène, une seconde entrée plus large pour les stalles de côté.

La profondeur des fauteuils est de 0m.80, la largeur

---

1. Ces trois derniers rangs avaient été supprimés bien avant l'incendie, et ne seront pas rétablis.

de 0^m.48. Les dimensions analogues sont, pour les stalles, de 0^m.75 et 0^m.46.

Le corridor est au niveau du deuxième rang de fauteuils de balcon (*6*).

L'amphithéâtre du quatrième étage est formé par quatre gradins, avec huit entrées.

Les entrées des extrémités ont 1^m.20 de largeur; les deux voisines ont 1 mètre; les quatre entrées du milieu ont 0^m.80. La profondeur moyenne des places est 0^m.58, la largeur 0^m.44.

Le corridor étant au niveau du premier rang de places, chaque entrée est garnie de plusieurs marches.

Le quatrième étage a son foyer particulier (*21*) formé par la galerie couverte qui surmonte le foyer principal (*3*).

Le corridor du premier étage a 3 mètres de hauteur, y compris l'épaisseur du plancher. La hauteur des loges sous le plafond est de 2^m.20.

Les autres corridors ont 2^m.75 de hauteur.

Les loges du deuxième étage ont, comme au premier étage, 2^m.20 sous plafond; au-dessus du dernier gradin du troisième étage il reste 1^m.85 de libre, et il reste 2^m.50 au dernier étage.

Pour ces dernières indications, nous ferons la même observation que pour les précédentes : quelques modifications ont été introduites dans le théâtre reconstruit.

IV. — *Tableau des dimensions des sièges adoptées dans les principaux théâtres existants.*

Pour terminer l'analyse que nous venons de faire des dispositions et dimensions principales adoptées pour les deux théâtres de la place du Châtelet, nous extrayons de l'ouvrage de M. Charles Garnier, intitulé *le Théâtre*, les dimensions admises, dans quelques-uns des plus grands théâtres actuels, pour les fauteuils d'orchestre, et qui sont les suivantes :

DÉSIGNATION DES THÉÂTRES.	LARGEUR. mèt.	PROFONDEUR. mèt.
Grand théâtre d'Amsterdam.	0.35	0.75
Théâtre royal d'Anvers.	0.68	1.00
Opéra royal de Berlin.	0.542	0.679
Grand théâtre de Bordeaux (orchestre). .	0.52	0.85
— — (parterre). .	0.50	0.75
Opéra du Caire.	0.80	0.90
Théâtre impérial de Constantinople. . . .	0.52	0.84
Théâtre de la Ville à Francfort.	0.50	0.60
Théâtre de la Pergola à Florence.	0.50	0.90
Théâtre de Genève.	0.50	0.90
Théâtre royal de Hanovre.	0.537	0.872
Théâtre de Covent-Garden à Londres. . .	0.585	0.925
Théâtre de Mayence.	0.50	0.75
Théâtre Victor-Emmanuel à Messine. . .	0.50	0.80
Théâtre de la Scala à Milan.	0.50	0.93
Grand théâtre de Moscou.	0.53	1.00
Ancien opéra de Paris.	0.536	0.68
Académie de musique de Philadelphie. . .	0.546	0.94
Opéra de Stockholm.	0.55	0.80
Théâtre dramatique de Stockholm. . . .	0.515	0.75
Théâtre royal de Stuttgart.	0.48	0.81
Totaux.	11.221	17.396
Moyennes.	0.535	0.828

Au *Théâtre-Lyrique*, les dimensions des places correspondantes sont de 0^m.52 pour la largeur et de 0^m.76 pour la profondeur; on voit qu'elles ne s'écartent guère de la moyenne des chiffres adoptés pour les grandes salles d'opéra des villes les plus importantes. Au *Théâtre du Châtelet*, ces dimensions atteignent 0^m.52 pour la largeur et 0^m.84 pour la profondeur, c'est-à-dire qu'elles sont exactement conformes à ces moyennes.

CHAPITRE IV

LES SCÈNES.

I. — *Considérations générales.*

E plan du mur d'avant-scène sépare la scène en deux parties dont les fonctions sont différentes. L'une, formant avancée dans la salle et appelée *proscenium*, reçoit l'acteur parlant ou chantant devant le trou du souffleur; c'est cette partie qui est munie de la rampe d'éclairage. L'orchestre des musiciens en est une dépendance.

La construction du proscenium est simple : c'est un plancher ordinaire dans lequel un vide est ménagé sur le pourtour antérieur pour la rampe. Le dessous de ce plancher est libre comme celui des autres parties de la scène.

L'orchestre est d'une construction plus compliquée. Nous avons eu déjà l'occasion de parler des précautions à prendre pour lui donner la sonorité voulue. Souvent on prend la précaution d'isoler aussi complétement que possible cette portion de plancher, et de choisir avec soin pour sa construction des bois secs, légers, sonores. Parfois, on fait reposer l'orchestre sur une voûte renversée, ou auge, à section parabolique. M. Davioud a pensé que cette précaution était inutile; il a cherché seulement à faire de son plancher une sorte de table d'harmonie.

Nous avons signalé plus haut l'importance des raisons qui plaident pour ou contre une forte saillie du proscenium dans la salle. M. Davioud n'a pas voulu exagérer cette saillie; pour lui, une exagération dans ce sens entraîne de graves inconvénients : « Les acteurs ne jouent plus dans le cadre; les décors ne leur servent plus de fond et l'illusion disparaît. Au Théâtre-Français, les acteurs ne dépassent jamais le rideau. » En conséquence, au *Théâtre du Châtelet*, la saillie sur le mur d'avant-scène est de 2 mètres; elle est de 2^m.10 au *Théâtre-Lyrique*.

La plus grande profondeur de l'orchestre, suivant l'axe longitudinal, est de 2^m.50 dans le premier théâtre, et de 3^m.50 dans le second; ces différences sont justifiées par la destination du *Théâtre-Lyrique*.

En arrière du proscenium est la scène proprement dite, qui reçoit toutes les pièces nécessaires à la décoration.

Ces pièces sont très-nombreuses et très-variées. On peut cependant les ramener à quatre types principaux :

1° Dans le plancher de la scène, c'est-à-dire celui sur lequel marchent les acteurs, sont ménagées des *trappes* transversales ayant toute la largeur de la partie apparente de la scène; chacune de ces trappes est en deux parties se rejoignant sur l'axe de la scène; chaque moitié peut s'abattre et glisser horizontalement sous le plancher des bas côtés de la scène. En outre, ces trappes sont décomposées en pièces rectangulaires ou *fausses trappes* qui peuvent se relever à charnière ou s'abattre.

2° Des *châssis* mobiles garnissent les côtés de la scène en formant plusieurs plans successifs. Ces châssis sont portés par des *mâts* ou par des *portants*, dont les âmes verticales traversent les rainures ménagées dans le plancher; les âmes des mâts restent ainsi à demeure, tandis que celles des portants sont reçues dans les *godets* ou *cassettes* de *chariots* mobiles qui roulent dans les dessous.

3° Des *fermes*, châssis en bois recouverts de toiles peintes, viennent fermer le fond de la scène; ils sont, comme les précédents, portés par des âmes verticales d'une disposition spéciale qui leur permet de glisser dans des *cassettes* ou glissières fixes attachées aux membrures des dessous.

4° Les *bandes d'air* ou de *ciel*, les *plafonds*, les *rideaux de fond* sont suspendus aux parties supérieures de la scène par des cordes ou *fils* qui leur permettent de monter et de descendre.

Tous les mouvements nécessaires pour la mise en place et l'enlèvement de ces pièces se font, soit à bras, soit au moyen de fils et de poulies manœuvrés directement par les machinistes, soit enfin, pour les pièces lourdes et dont la manœuvre doit être rapide, par des *tambours* et des treuils du type indiqué dans la *pl.* 39 du *Théâtre du Châtelet*. Dans ce dernier cas, les tambours reçoivent deux fils enroulés en sens inverse; l'un est en communication avec la décoration à mouvoir, l'autre avec un contre-poids qui descend verticalement dans l'une des *cages* ménagées le long des murs latéraux de la scène. Les treuils permettent le réglage des contre-poids et, lorsque l'ensemble est convenablement disposé, actionnent les tambours par un fil spécial.

La scène doit donc recevoir, outre les pièces de décoration en service, les fils, poulies, chariots, cassettes et tambours qui servent à les manœuvrer.

Elle comprend deux services entièrement distincts : celui des *dessous* et celui des *cintres*. En se reportant à la *pl.* 39, le lecteur remarquera que, dans les *dessous*, des poteaux verticaux correspondent à chacune des rainures transversales de la scène; ces poteaux, simples dans le troisième et le second dessous, sont dédoublés dans le premier dessous; les petits intervalles qui résultent de ce dédoublement forment les *costières* dans lesquelles circulent transversalement les chariots; dans les intervalles un peu plus larges qui s'intercalent entre deux costières, et que l'on appelle *fausses rues*, montent les *fermes de fond* guidées par les cassettes; les fausses rues sont généralement accouplées par trois, comme dans la figure, mais parfois les groupes ou *plans* ainsi formés sont doubles. Deux groupes semblables sont séparés par de plus larges intervalles formant les *grandes rues* où se logent les *praticables*, *trappes montantes*, *rampes de terrain* et autres accessoires qui doivent monter sur la scène.

Aucun entretoisement fixe ne peut exister entre les divers montants, car en service toutes les rues ou costières doivent laisser librement monter et descendre les feuilles de décoration et circuler les chariots. On se contente de crochets mobiles placés sous les sablières qui portent le plancher de la scène.

Dans les *cintres* on distingue plusieurs étages de *corridors de service*, placés le long des murs latéraux, et le *gril*, sorte de plancher général qui recouvre toute la scène. Ce gril et les corridors sont généralement suspendus au comble; parfois ils sont formés de poutres suffisamment rigides pour ne prendre leurs points d'appui que sur les murs de la scène.

La série de nos plans aux étages successifs, pour chaque théâtre, indique la disposition des madriers qui constituent ces divers planchers. Le lecteur remarquera que, dans les planchers de la scène, des dessous et des cintres, ces madriers sont disposés transversalement par rapport à la scène, et qu'au lieu d'être jointifs, ils laissent entre eux les jours nécessaires pour le passage des ânes ou des fils.

Ces indications générales étant données sur les usages des diverses parties de la scène, nous pouvons indiquer de quelle façon les dimensions principales de la scène se commandent les unes les autres.

De chaque côté de la scène doivent reculer les chariots portant les châssis de coulisses latérales. La largeur de l'ouverture de scène étant fixée, la largeur de la scène doit être, en conséquence, double environ de celle de l'ouverture, pour pouvoir loger au premier dessous les chariots en retraite, et, sur les côtés des deuxième et troisième dessous, les tambours de manœuvre. Lorsque l'espace manque absolument, on doit restreindre cette dimension; mais c'est aux dépens des châssis, que l'on doit alors faire très-étroits, ce qui entraîne ce double inconvénient : il faut alors multiplier le nombre des châssis, et, par suite de leur peu de largeur, l'œil du spectateur plonge plus facilement dans l'intervalle, aperçoit les coulisses; l'illusion est détruite.

Une profondeur double de l'ouverture est une dimension convenable. Lorsqu'elle est moindre, les acteurs sont trop rapprochés des toiles ou fermes de fond qui figurent des lointains; les personnages paraissent alors trop grands pour ces lointains; les effets de perspective sont détruits. D'un autre côté, la profondeur ne peut s'accroître indéfiniment, car les spectateurs un peu haut placés cessent rapidement de voir le fond de la scène.

On y remédierait en partie en augmentant la hauteur de l'ouverture de scène, et c'est ce que l'on doit faire lorsque l'on a besoin d'une profondeur un peu grande. Mais ce remède lui-même ne peut être employé que dans une certaine mesure. Une ouverture trop haute devient disgracieuse; il ne faudrait pas croire qu'il en résulterait la facilité de multiplier davantage le nombre des étages, car les spectateurs des dernières galeries verraient de trop haut, et, pour ainsi dire, en plan ou à vol d'oiseau les objets placés sur la scène. De plus, cette augmentation de hauteur pour l'ouverture entraîne un relèvement des cintres, déjà très-élevés comme nous allons le voir.

Un certain nombre de décorations, lorsqu'elles ne sont plus en service, remontent dans les cintres auxquels elles sont suspendues. La hauteur à laquelle sont placés ceux-ci doit être telle, que ces toiles disparaissent entièrement de la scène visible. Le gril, qui porte toutes les poulies sur lesquelles passent les fils d'attache, doit donc être à une hauteur au moins double de celle de la scène proprement dite. S'il était absolument impossible de satisfaire à cette condition, il faudrait replier les toiles de décors, d'où résulterait une complication de manœuvre beaucoup plus grande et une prompte altération des toiles elles-mêmes. Pour le rideau de la scène principalement, dont le service est très-fréquent, ce dernier inconvénient devient considérable.

Ce que nous venons de dire pour les cintres s'applique également aux dessous, dont la hauteur doit permettre de *fondre* ou faire descendre entièrement les fermes de fond. De là nécessité de fondations profondes; et, si la nature du sol ne permet pas de descendre assez bas, il faut remonter suffisamment le plancher de la scène.

II. — *Scènes des deux théâtres.*

Au *Théâtre du Châtelet*, la largeur de l'ouverture de scène est de 12 mètres. La hauteur du gril au-dessus du plancher de la scène est de 22^m.50. La profondeur des dessous varie de 7 mètres à 8 mètres, par suite de l'inclinaison du plancher de la scène. La hauteur du premier et celle du second dessous sont de 2 mètres contre le mur d'avant-scène; cette hauteur augmente un peu vers le fond de la scène, car on remarquera que le plancher du second dessous est horizontal comme le sol du troisième dessous, tandis que le plancher du premier dessous suit une inclinaison moindre de moitié que celle de la scène.

La largeur totale de la scène est de 23^m.50, largeur suffisante pour le recul des chariots. Lorsque l'espace le permet, il est bon d'augmenter davantage cette largeur pour que les bas côtés de la scène puissent au besoin recevoir en dépôt un grand nombre de châssis destinés à entrer en service dans la soirée.

La profondeur de la scène, jusqu'au mur de fond, est de 22m.50, dimension très-suffisante pour les représentations ordinaires. Dans les cas extraordinaires, où l'on doit mettre en scène un nombre exceptionnel de personnages, particulièrement pour les pièces militaires, la scène peut être prolongée de tout l'espace correspondant à la cour couverte qui est placée derrière elle. Le plancher indiqué dans la coupe longitudinale (pl. 24-25) prolonge le plancher de la scène; il est plus incliné que celui-ci, afin de faciliter la vue des parties les plus reculées.

En raison de la grande profondeur accordée à la scène, la hauteur de l'ouverture a été portée à près de 15 mètres.

Il n'en est pas de même au Théâtre-Lyrique. La forme et les dimensions du terrain ne permettaient pas de donner à la scène une pareille profondeur, que n'eût pas d'ailleurs comportée le genre des représentations auxquelles est affecté ce théâtre. Pour une ouverture dont la largeur est de 14m.50, la profondeur n'est que de 14m.25. On a conservé à la scène une largeur de 22m.70.

La hauteur du gril, au-dessus du plancher des acteurs, est de 22 mètres; la hauteur totale des dessous varie de 7m.50 à 8 mètres. Les hauteurs de chaque dessous se rapprochent de celles du Théâtre du Châtelet.

La machinerie a été établie d'après le type généralement employé. Les dessous sont construits en bois, les cintres seuls ont été établis en fer. Ces derniers sont composés de fers à double T formant solives, sur lesquels reposent des lames de tôle de 0m.25 de largeur espacées de 0m.04. Ces lames sont placées transversalement pour le gril et longitudinalement pour les corridors. Cette disposition de construction en fer n'a pas donné les bons résultats qu'on en attendait et n'a pas empêché l'incendie du théâtre[1]. Il est reconnu aujourd'hui que la sonorité du fer et de la tôle sous les pas des machinistes nuit beaucoup aux représentations.

Les deux corridors du premier étage sont reliés par un corridor transversal, appuyé contre le mur de fond de la scène. Les deux premiers ont 3m.50 de largeur ; le dernier a 1 mètre seulement.

Les divers étages de corridors sont en outre reliés par des ponts volants dont la pl. 39 indique la disposition.

Les cintres sont desservis par deux escaliers spirales partant du premier corridor pour arriver sur le gril; on y accède par les escaliers de la scène ; ils sont en outre mis en communication les uns avec les autres par des échelles, auxquelles correspondent des ouvertures dans les planchers des corridors, appelées trous de chat (voir pl. 39).

On remarquera sur les plans relatifs au Théâtre du Châtelet que le premier dessous, entièrement libre, est réservé aux chariots seuls. Le second dessous reçoit les treuils des contre-poids pour les manœuvres qui se font dans les dessous; ces treuils sont rangés latéralement pour laisser, dans la partie centrale, passage aux décorations à fondre. Ce dessous ne reçoit d'ordinaire que les tambours destinés à la manœuvre des trappes, des praticables et autres accessoires. On y a ajouté les petits treuils employés à tendre et à régler les petits câbles en fer qui servent de guides pour la montée et la descente du rideau. Dans le troisième dessous, sont au contraire rangés tous les tambours destinés à la manœuvre des grandes décorations; on y place également le grand tambour des changements à vue, sur lequel sont montés tous les fils qui commandent les chariots à avancer, les chariots à reculer, les fermes à monter, les fermes à fondre, etc., de manière à faire disparaître un décor tout entier et à en faire apparaître un autre d'un seul coup.

Au-dessus du gril et à plat sur les madriers, sont rangées toutes les poulies qui renvoient les fils des toiles de fond ; au-dessous de lui, au contraire, sont fixées les poulies qui reçoivent les fils des bandes d'air, des plafonds, des toiles légères. Une de ces dernières est figurée dans la pl. 39. Le gril porte en outre les tambours des rideaux d'avant-scène et d'entr'acte. Les tambours des toiles de fond, des anées, des rois de travers, etc., sont répartis sur ce même gril et sur le dernier corridor de service qui reçoit également les treuils de contre-poids pour ces diverses manœuvres.

Les corridors intérieurs sont plus spécialement réservés à la manœuvre des toiles légères, qui se fait au moyen de fils libres arrêtés à leur extrémité sur les chevilles de retraite.

Au Théâtre du Châtelet, le plancher de la scène comprend 8 plans, composés chacun de trois costières ou trois coulisses. L'inclinaison de ce plancher est de 0m.04 par mètre, d'après les indications de M. Davioud.

Cette inclinaison est la même pour le plancher de la scène du Théâtre-Lyrique, qui ne comprend que 4 plans triples et 2 plans doubles. Toutes les autres dispositions sont analogues à celles du premier théâtre.

Il faut remarquer que tous les planchers, tant des dessous que des cintres, sont ouverts sur les côtés pour livrer passage aux contre-poids qui montent et descendent le long des murs latéraux. Les cages ainsi réservées sont masquées sur la scène par des cloisons à jour. Dans les dessous, une simple barre d'appui garantit les machinistes.

Nous terminerons cette description de la scène par quelques mots sur le mode employé pour l'introduction des décors.

Au Théâtre du Châtelet, ces décors sont amenés au pied de la façade postérieure, d'où ils sont élevés et présentés devant une des trois grandes baies de cette façade, au premier étage. De là, ils pénètrent dans le magasin de décors situé à cet étage, sur cette façade. Ils peuvent ensuite arriver sur la scène par la grande ouverture qui existe dans le mur de fond. Une fois sur

---

1. Chacun des deux théâtres est muni d'un rideau en fer qui peut, en cas d'incendie, être descendu, et isole alors complétement la salle de la scène.

la scène, ils sont montés dans les cintres ou descendus dans les dessous, au plan qui doit les recevoir.

Ce théâtre ayant besoin parfois de chevaux sur la scène, une rampe a été ménagée pour amener les chevaux de l'écurie du manège qui occupe le rez-de-chaussée à la partie postérieure, jusque sur le plancher de la scène, vers le fond de celle-ci.

Au *Théâtre-Lyrique*, l'entrée des décors se fait latéralement et par les dessous. Un passage spécial, pris sur la façade latérale, donne accès au niveau du deuxième dessous. Si la hauteur des décorations l'exige, les crochets qui entretoisent les rues sont abattus, les portions mobiles des divers planchers enlevées. La décoration, introduite alors librement dans les dessous, est ensuite enlevée, s'il est nécessaire, pour être conduite à sa place.

III. — *Services intérieurs des deux théâtres.*

Il nous reste à parler de la distribution des services intérieurs : foyers, loges d'artistes, administration, ateliers, magasins, etc. Les plans fournis pour chaque théâtre donnent exactement la répartition de ces divers services ; nous nous contenterons donc de quelques observations générales.

Au *Théâtre du Châtelet*, où une grande partie des constructions formant façades latérales a été réservée pour des appartements à loyer, on remarquera la difficulté qu'il y avait à enchevêtrer dans ces logements privés les escaliers et les services intérieurs qui venaient les envahir par places. Autant qu'il a été possible, l'architecte a cherché à réserver presque exclusivement aux particuliers des parties des édifices bien distinctes : une moitié des façades latérales avec retours sur la place du Châtelet leur a été consacrée.

Sur l'autre moitié des façades latérales et sur la façade postérieure, se sont établis les services du théâtre. D'une manière générale, on peut dire que sur la façade postérieure ont été établis les ateliers divers, les loges d'acteurs aux angles, et sur les façades latérales les magasins et dépôts.

Dans le *sous-sol* (*pl.* 4-5), outre les appareils de chauffage, et en dehors des parties louées, ont été placés les réservoirs, les pompes, les dépôts de combustible;

Au *rez-de-chaussée* (*pl.* 6-7), les urinoirs, les cabinets, les postes de pompiers, les postes de police;

A l'*entre-sol*, auprès de la rampe d'accès des chevaux, une sellerie de 35 mètres carrés. C'est à cet étage, de plain-pied avec l'extérieur, qu'est l'entrée des bâtiments d'administration, sur la façade postérieure. On a, dès cette entrée, cherché à bien séparer tous les services pour les hommes de ceux des femmes; les escaliers, les dégagements sont entièrement distincts. On remarquera qu'à cet étage, on a dû prélever sur les constructions latérales, un secrétariat qui doit être en communication avec le public, un cabinet du directeur placé pour ainsi dire à cheval sur la salle et sur la scène.

Au *premier étage* (*pl.* 10-11) figurent des ateliers de décors et accessoires couvrant une surface de 180 mètres carrés, deux magasins de décors couvrant ensemble 300 mètres carrés, pour une scène dont la surface est

d'environ 440 mètres carrés. Cette proportion n'est que suffisante pour un théâtre à grandes représentations.

Le foyer des artistes, placé sur le côté, à portée des escaliers de la scène, offre une surface de 32 mètres carrés. Le foyer de la danse, placé vis-à-vis, est beaucoup plus vaste, en raison du nombre des personnes qui en font usage et de leurs exercices; sa surface est de 77 mètres carrés.

Les loges des artistes principaux sont placées à cet étage; on leur a attribué une surface totale de 30 mètres carrés.

Les costumiers et quelques services accessoires occupent 84 mètres carrés.

Au *deuxième étage* (*pl.* 12-13), en dehors des ateliers et magasins déjà cités, la surface affectée aux loges d'acteurs est de 80 mètres carrés; celle des loges de danseuses, de 40 mètres carrés; les salles des comparses, de 133 mètres carrés.

A l'*étage supérieur* (*pl.* 14-15), les loges d'artistes occupent 88 mètres carrés, celles de danseuses 117 mètres carrés, les salles de choristes 133 mètres carrés, et celles des comparses 126 mètres carrés. Aux magasins de costumes, chefs costumiers, etc., est attribuée une surface de 191 mètres carrés.

Les appartements du directeur sont placés sur l'un des angles de la façade principale; ils remplacent à cet étage un appartement à loyer.

Au *dernier étage* (*pl.* 16-17), les figurants occupent encore 292 mètres carrés, et les choristes 100 mètres carrés.

Dans le *Théâtre-Lyrique*, les services intérieurs occupent la presque totalité de l'espace laissé disponible par la salle et la scène. Aux étages inférieurs seulement on a pu prélever des parties en location; dans les derniers étages, on a fait déborder au contraire les services par-dessus les foyers réservés au public.

Dans le *sous-sol* (*pl.* 41) sont placés, comme au *Théâtre du Châtelet*, les réservoirs, les pompes à incendie, les dépôts de combustibles, les urinoirs, et de plus quelques magasins et dépôts.

Au *rez-de-chaussée* (*pl* 42), le foyer des musiciens, beaucoup plus vaste qu'au *Théâtre du Châtelet*, occupe, avec ses dépendances, une superficie de 103 mètres carrés. On trouve à ce même étage le poste permanent des pompiers et un petit magasin d'accessoires de 16 mètres carrés. Le magasin de décors a dû, en raison de l'exiguïté de l'espace, être placé en dehors de l'édifice. Le théâtre ne renferme en place dans les dessous, les cintres, les corridors de service, que le répertoire courant.

A l'*entre-sol* (*pl.* 43) est établi le foyer des artistes, sur 50 mètres carrés. Le foyer de réplique pour les artistes, servant aux répétitions, avec bureau du régisseur, s'étend sur 40 mètres carrés. Des magasins d'accessoires occupent 45 mètres carrés.

Au *premier étage* (*pl.* 44) figure le foyer qui sert aux répétitions des chœurs; sa superficie est de 125 mètres carrés. Sur l'un des côtés sont établis les services du secrétariat, des caisses, avec entrée spéciale sur l'escalier de gauche qui est réservé à l'administration et aux artistes femmes, l'escalier de droite recevant les choristes et les artistes hommes.

A l'*étage supérieur* (*pl.* 46), les loges d'artistes des deux sexes occupent 300 mètres carrés. La salle des répétitions de la danse a été reportée à la partie antérieure de l'édifice, où elle occupe 52 mètres carrés. Cette salle est éloignée de la scène, ce qui offrirait des inconvénients pour un foyer ou des loges, mais n'en a aucun pour un service de répétitions de jour. Symétriquement est placée la bibliothèque, avec 50 mètres carrés.

Au *quatrième étage* (*pl.* 46), salle pour les choristes sur 300 mètres carrés, et magasins de costumes sur 182 mètres carrés.

Au *dernier étage* (*pl.* 47), enfin, les loges de danseuses occupent 300 mètres carrés, les magasins de costumes 242 mètres carrés, et les ateliers de couture 196 mètres carrés. On remarquera, comme nous le disions tout à l'heure, que ces derniers services ont dû être placés au-dessus des foyers des dernières galeries.

En résumé, si l'on compare les superficies attribuées en total à chacun de ces divers services intérieurs, dans les deux théâtres, on arrive aux chiffres suivants :

TABLEAU COMPARATIF DES SERVICES INTÉRIEURS.

Services divers.	TH. DU CHATELET (surface de la scène 548 mètres)		TH.-LYRIQUE (surface de la scène 314 mètres)	
Bibliothèque.			50met	50met
Foyers des musiciens.	23met		100	
— des artistes.	32		50	
— des répétitions.		132met	40	367
— des chœurs.			125	
— de la danse.	77		52	
A reporter.		132met		417met
Report.		132met		417met
Loges d'artistes	200		300	
— de danseuses	157	1,141	300	900
— de choristes.	233		300	
— de comparses	551			
Ateliers divers.	180		196	
Magasins de décors et accessoires.	335	845	61	651
— de costumes.	310		394	
Totaux.		2,098met		1.968met

Comme on le voit, l'importance des surfaces attribuées aux foyers est beaucoup plus considérable pour le *Théâtre-Lyrique*. C'est qu'en effet, dans un théâtre de chant, les répétitions des chœurs exigent un emplacement spécial qui n'existe pas au *Théâtre du Châtelet*. De plus, la plupart de ces répétitions, jusqu'au moment où la pièce est montée d'ensemble, ne peuvent se faire sur la scène, comme il arrive pour les théâtres ordinaires, où la scène est le véritable foyer de répétition, les foyers d'acteurs n'étant qu'un lieu d'attente ou de repos. Au *Théâtre-Lyrique*, il y a répétitions spéciales pour les musiciens, pour les premiers sujets, pour les choristes, pour la danse.

Dans ce dernier théâtre, les comparses sont moins nombreux qu'au *Théâtre du Châtelet*, dont les pièces féeriques ou militaires comportent un très-nombreux personnel. De là une importance moindre accordée aux loges des personnes qui figurent sur la scène.

Enfin nous rappellerons que, par manque d'espace, le *Théâtre-Lyrique* ne pouvait être muni, comme son voisin, de vastes dépôts de décorations.

Telles sont les causes principales qui influent sur les différences entre les chiffres que nous venons de citer pour les deux théâtres.

CHAPITRE V.

ÉCLAIRAGE.

Dans un théâtre, l'éclairage comprend deux parties bien distinctes : l'éclairage de la salle et celui de la scène.

Pour la salle, on fait le plus souvent emploi d'un lustre qui descend dans la salle, surmonté d'un *ventilateur*, ouverture masquée par un disque à jour qui laisse échapper les produits de la combustion et l'air chaud accumulés dans les parties supérieures de la salle. Parfois l'éclairage est complété au moyen d'appliques fixées le long des colonnes qui soutiennent les galeries ou sur les balcons mêmes de ces galeries.

L'emploi du gaz, dans ces conditions, n'offre de dispositions spéciales qu'en raison de la mobilité du lustre que l'on doit relever ou descendre pour le nettoyage et l'allumage.

Lorsqu'on descend le lustre jusqu'au niveau du parterre, la course à parcourir est plus grande, les banquettes du parterre sont plus exposées; aussi préfère-t-on souvent relever le lustre jusque dans les combles du théâtre.

A cet effet, le ventilateur est généralement formé de deux parties montées sur roulettes, qui, se séparant suivant un des diamètres, reculent en roulant sur de petits rails, et laissent ainsi béante l'ouverture du plafond de la salle. Le lustre peut alors être remonté.

Pour pouvoir faire cette opération, la plate-bande à laquelle est suspendu le lustre est elle-même portée par des câbles en cuivre qui s'enroulent sur des treuils ou sur des tambours à contre-poids qui servent d'alléges et rendent la manœuvre plus facile. Le tuyau de conduite qui amène le gaz jusqu'au lustre, a deux articulations en forme de genou. La seule précaution à prendre est que le mouvement des pièces articulées ne soit pas entravé par les fermes du comble ou tout autre obstacle. Les lampistes arrivent jusqu'au lustre pour l'allumage, au moyen d'une plate-forme roulante, montée sur galets, qui vient alors occuper la place du ventilateur, en passant par-dessus les deux segments de celui-ci, reculés comme nous l'avons dit.

Pour la descente, la manœuvre se fait à l'inverse.

Dans les deux théâtres de la place du Châtelet la disposition du lustre est différente de celle qui avait été employée jusqu'alors. Le foyer de lumière est entièrement isolé de la salle par une coupole vitrée. C'est au-dessus de cette coupole que rayonnent les tuyaux portant les becs de gaz. (Voir pl. 16-17 et 24-25, du *Châtelet*, 47, 53 et 59 du *Théâtre-Lyrique* [1].)

Le tout est surmonté d'un réflecteur dont l'orifice central est, au *Théâtre du Châtelet*, terminé par une cheminée d'appel qui entraîne les gaz de la combustion dans la lanterne qui couronne les combles.

Dans cette disposition, le lustre, ou du moins l'appareil qui en tient lieu, est fixe. Pour l'allumage, le réflecteur, équilibré au moyen de contre-poids, est relevé; un chariot (*n*, pl. 16-17 du *Châtelet*; et A, pl. 24-25, 47 et 54-55 du *Théâtre-Lyrique*) roulant sur rails, est amené au-dessus de la coupole vitrée, et les lampistes y peuvent prendre place.

Comme cette question de l'éclairage de la salle est en connexité intime avec celle du chauffage et de la ventilation, et que nous traitons de ceux-ci dans un chapitre spécial, c'est au chapitre VI que nous renvoyons pour les développements complémentaires sur l'éclairage de la salle.

Sur la scène, l'éclairage comprend la *rampe*, les *herses*, les *portants*, les *rampes de terrain* et quelques accessoires.

Les becs de la *rampe*, alimentés par un conduit unique, sont à flamme droite le plus ordinairement, et dans quelques théâtres récents à flamme renversée. Cette dernière disposition, qui offre de grandes sécurités contre les accidents, exige l'emploi d'une cheminée d'appel spéciale pour l'enlèvement des produits de la combustion [2]. Le bec à flamme droite est représenté, avec son *réflecteur*, son *écran* et la *murette* en briques qui forme la paroi verticale de la rampe, dans notre planche 54-55.

Les *herses* sont les appareils destinés à éclairer les décors par le haut. Ce sont des tuyaux de gaz horizontaux avec réflecteurs, suspendus par des chaînes aux fils de manœuvre, et que l'on place transversalement à la scène, cachés par les frises, les bandes d'air, etc.

Les *portants*, tuyaux verticaux dont les becs sont garnis de leurs tubes de verre et de cônes métalliques arrêtant la flamme et la fumée, sont montés sur des mâts ou des portants et fixés comme les châssis de décoration derrière lesquels ils se placent.

Les *rampes de terrain* affectent une disposition ana-

---

1. Le *Théâtre-Lyrique* reconstruit n'aura pas de plafond lumineux.

2. M. Davioud nous dit que cet appareil a existé au *Théâtre-Lyrique*, mais qu'il a été enlevé par un directeur qui le trouvait trop coûteux d'entretien.

logue, mais elles se placent horizontalement sur le sol, derrière les praticables, les accidents de terrain, etc.

Tous ces appareils, munis de robinets, sont alimentés par des tuyaux de caoutchouc ou de cuir, flexibles et qui les suivent dans toutes les inflexions, dans tous les mouvements nécessaires. On donne à leur éclairage des colorations diverses au moyen de verres colorés ou d'écrans.

Les conduites de tous les appareils à gaz que nous venons de décrire prennent toutes naissance sur un *jeu d'orgue* unique, placé sous la main du chef lampiste. Ce jeu d'orgue, sur un tuyau d'arrivée unique, greffe une série de branchements, tous munis de leurs robinets spéciaux, commandant une des séries d'appareils décrits plus haut. Chacun de ces branchements est muni d'un tuyau de secours ou de remplacement, et porte son nom spécial inscrit en caractères très-visibles.

Cet appareil doit être disposé dans une petite pièce spéciale, facile à ventiler, d'où l'homme chargé de le surveiller puisse apercevoir l'ensemble de la salle et de la scène. De là cet homme peut régler à volonté l'éclairage du lustre, de la rampe et de toutes les parties de la scène, par l'ouverture des robinets qu'il a sous la main.

Il ne nous reste à citer que les lanternes spéciales employées dans les dessous et les cintres, et qui doivent être entourées de grillages métalliques, de mailles assez serrées pour empêcher toute propagation de flamme ou de chaleur.

Nous n'entrerons pas dans la description des appareils électriques, dont la disposition est d'ailleurs entièrement conforme à celle de tous les appareils de ce genre, ni dans celle des lentilles et des écrans destinés à concentrer, à atténuer ou à colorer les feux électriques. Ce seraient là des détails beaucoup trop spéciaux pour un travail de la nature de celui qui nous occupe.

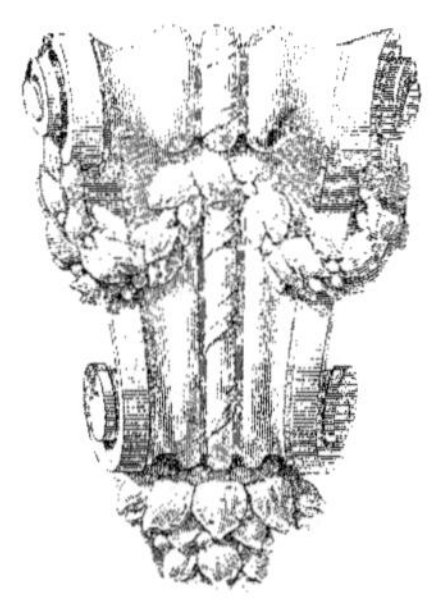

CHAPITRE VI.

CHAUFFAGE ET VENTILATION DES DEUX THÉATRES.

I. — *Historique.*

Il n'est pas un seul hygiéniste, aujourd'hui, qui ne considère comme d'une impérieuse nécessité d'assurer la ventilation des habitations et des salles de réunion, même des constructions où on loge les animaux.

Ventiler un espace, c'est extraire l'air vicié qui s'y trouve et le remplacer par de l'air pur. Mais c'est là un problème difficile à résoudre, si difficile même que nous ne pourrions pas citer un seul exemple complétement satisfaisant.

Pour ventiler, il ne suffit pas, en effet, de substituer de l'air pur à de l'air vicié ; il faut encore que l'introduction de cet air n'exerce aucune influence fâcheuse sur les personnes présentes, qu'elle ne leur cause même aucune impression désagréable ; il faut que cet air soit chaud en hiver, frais en été ; qu'il n'arrive pas avec une trop grande vitesse ; en outre, une dernière difficulté à résoudre est la détermination des directions à donner à ces courants d'air pour qu'ils ne gênent pas les spectateurs placés nécessairement à proximité de la plupart des orifices d'aération. On comprend dès lors combien le problème est complexe lorsqu'il s'agit d'une salle de spectacle alternativement vide et occupée par le public, hiver comme été, d'une hauteur telle, que les couches atmosphériques puissent s'y stratifier facilement suivant leurs densités, et percée d'un grand nombre de baies dont il est impossible, *à priori*, de calculer le jeu et l'importance et qui la font communiquer avec des espaces ouverts ou clos tour à tour.

Dans la plupart de nos théâtres, le renouvellement de l'air ne se fait encore que par les portes des loges et des galeries ouvertes accidentellement pendant les entr'actes, et par la scène quand le rideau est levé, sous l'action de la chaleur du gaz qui produit un courant de sortie par la cheminée surmontant le lustre.

On sait combien sont désagréables et même dangereux les nombreux courants d'air froid qui s'établissent ainsi par les portes, et combien cependant est insuffisante la ventilation qui en résulte. Quand le rideau se lève, tout l'air pur fourni par la scène s'engouffre dans la cheminée du lustre sous la forme d'un cône traversant le vide de la salle, sans utilité pour les spectateurs et emportant, au contraire, avec lui, une partie de la voix des acteurs[1].

Il y a une quarantaine d'années, on voulut remédier à cet état de choses dans la salle du Vaudeville, alors en reconstruction place de la Bourse. Suivant les indications du savant d'Arcet, on mit la nouvelle salle en communication directe avec l'air extérieur par le moyen d'espaces vides ménagés dans l'épaisseur des planchers des divers balcons, communiquant avec le dehors directement ou par l'intermédiaire de gaines venant du sous-sol du théâtre et débouchant dans la salle par la partie basse du devant des appuis. De la sorte, l'air extérieur put entrer en effet sans gêne pour les spectateurs, mais aussi sans grande utilité pour eux ; car, sans nous occuper des autres inconvénients du système, il suffira de dire que, dans l'ignorance où l'on était à cette époque du rapport entre le cube d'air frais à introduire dans la salle et le nombre des spectateurs, l'alimentation se trouva infiniment au-dessous de ce qui était nécessaire.

La même disposition fut appliquée ensuite, et sans plus de succès, à la salle de l'Opéra, rue Le Peletier. Plus tard, au théâtre du Cirque impérial, boulevard du Temple, on imagina de faire entrer l'air dans la salle à travers le plancher de l'orchestre et du parterre, par un grand nombre d'orifices de petite dimension ménagés dans ce plancher. Mais les spectateurs se plaignirent vivement des courants d'air trop chauds ou trop froids qui leur frappaient les jambes, et l'on dut bientôt renoncer à ce système. Puis on ne fit plus rien ; si bien même que peu à peu les canaux de prise d'air du Vaudeville et de l'Opéra se bouchèrent sans qu'on s'en aperçût. En France, ce ne fut qu'à l'occasion de la construction des nouveaux théâtres de la place du Châtelet que cette importante question de la ventilation des salles de théâtre fut de nouveau mise à l'ordre du jour.

L'administration de la ville de Paris, propriétaire de ces théâtres, désireuse d'y voir employer les meilleurs systèmes de chauffage et de ventilation, chargea une haute commission scientifique d'examiner les projets

---

1. M. Ch. Garnier, dans son « *Théâtre* », conteste cette influence, en s'appuyant sur ce fait, que la vitesse de propagation du son est beaucoup supérieure à celle du mouvement de l'air ainsi appelé de la scène vers le lustre.

M. Morin est d'un avis opposé. (Voyez page 20 de son « Rapport de la commission sur le chauffage et la ventilation du Théâtre-Lyrique et du Théâtre du Châtelet. » 1861.)

présentés par divers constructeurs. Cette commission était composée de :

MM. Dumas, chimiste (de l'Institut), président ;
Chaix d'Est-Ange, procureur général près la cour d'appel ;
Pelouze, chimiste (de l'Institut) ;
Rayer, docteur en médecine (de l'Institut) ;
Gilbert, architecte (de l'Institut) ;
Caristie, architecte (de l'Institut) ;
Baltard, architecte (plus tard de l'Institut) ;
Grassi, pharmacien ;
Général Morin (de l'Institut), rapporteur.

Nous allons examiner succinctement le travail de cette commission. Les projets présentés n'ayant pas été acceptés par elle, il lui fallut se livrer elle-même directement à de nombreuses recherches et à de longues expériences et exposer ensuite toutes les conditions du problème à résoudre.

Nous donnerons d'abord son programme général des conditions auxquelles il faut satisfaire pour réaliser une bonne ventilation d'après le système par appel préconisé par elle, et nous examinerons ensuite les applications qui en ont été faites aux théâtres de la place du Châtelet.

Nous ferons remarquer que les travaux de construction de ces théâtres qui devaient être livrés à date fixe, en conséquence des contrats passés par l'administration municipale avec les directeurs, s'exécutaient forcément avec rapidité pendant que la commission faisait ses études. Des exigences de construction empêchèrent, au *Théâtre-Lyrique*, que certains détails fussent réalisés aussi complètement et aussi parfaitement qu'il eût été désirable. Pour le *Théâtre du Châtelet*, les dispositions indiquées dans le programme adopté par la commission et dans le projet rédigé par l'ingénieur de la maison Duvoir-Leblanc « n'ont pas été acceptées par l'administration de la ville de Paris, qui les a trouvées trop dispendieuses pour un semblable théâtre [1] ». Le projet présenté fut notablement modifié à l'exécution. Ceux de nos lecteurs qui voudraient étudier de près la question la trouveront très-développée dans l'important ouvrage de M. le général Morin sur le chauffage et la ventilation, ouvrage auquel nous avons emprunté les principaux renseignements qui constituent la base de ce travail.

II. — *Considérations générales.*

Avant de commencer à ventiler une salle de spectacle, et tandis que le public ne l'occupe pas encore, il faut, si l'on est en hiver, en élever la température ; si l'on est en été, abaisser cette température ou, du moins, la maintenir aussi rapprochée que possible de celle de l'air extérieur. Dans le premier cas, il convient, par raison d'économie, de ne ventiler que pendant la présence du public ; en été, il est bon, au contraire, que la

ventilation se fasse pendant la nuit, afin de profiter de la fraîcheur de l'air pour refroidir la salle. Pendant la durée du spectacle, l'activité de la ventilation doit pouvoir être gouvernée suivant les besoins et proportionnée au nombre des spectateurs.

On semble assez généralement disposé à admettre, aujourd'hui, que le meilleur système de chauffage, pour une salle de spectacle, est celui des calorifères à air chaud, qui, malgré d'incontestables défauts, présentent du moins le très-grand avantage d'être relativement peu coûteux à installer et très-simples à conduire, et surtout d'apporter un concours direct à la ventilation. Le chauffage par circulation d'eau chaude peut également donner d'excellents résultats ; mais il est plus coûteux d'installation première que le système précédent, moins facile à conduire, et peut donner lieu à des fuites parfois désastreuses. Le chauffage par circulation d'eau chaude à haute température, système Perkins, est inacceptable à cause des accidents graves de tout genre auxquels il peut donner lieu : explosions, incendies, etc. Quant au chauffage par la vapeur, il a contre lui ses dispositions forcément compliquées dans une salle de spectacle, l'instabilité de son fonctionnement, les nombreux accidents qui peuvent survenir sur le parcours des tuyaux et enfin l'emploi de chaudières à haute pression et, par conséquent, susceptibles d'explosion. Disons cependant, à ce propos, que des précautions peuvent être prises pour éviter tout accident grave, et qu'aujourd'hui l'on ne redoute plus l'emploi des machines à vapeur dans les théâtres. On avait, dans l'origine, pensé à se servir d'un moteur de ce genre au nouveau Vaudeville pour la plupart des manœuvres de force. Si on a cru devoir y renoncer, cela a été par des raisons autres que celles se rattachant à des craintes d'explosion.

Les calorifères bien construits peuvent facilement fournir de l'air chaud à 50 degrés ; mais, à cette température, l'air est pour ainsi dire brûlé et malsain à respirer ; aussi convient-il de disposer au-dessus ou près des calorifères une capacité dans laquelle se rend l'air chaud qu'ils fournissent et où l'on peut introduire, au moyen d'ouvertures munies de registres, de l'air froid en proportion convenable pour obtenir un mélange à la température voulue. Il n'est pas besoin dès lors de ralentir la marche des calorifères pour régler la température de l'air destiné à la ventilation ; un simple jeu de registres suffit, et l'on s'aide des indications des thermomètres placés à cet effet dans les gaines de circulation d'air. Si l'on vient, à un certain moment, à disposer d'un excès d'air chaud, on peut le détourner de la chambre de mélange pour l'utiliser ailleurs.

Toutes les parties d'un théâtre ne doivent pas être chauffées au même degré. On comprend en effet que les couloirs, foyers, vestibules, escaliers et autres espaces où le public circule, et qui sont sans cesse refroidis par suite de l'ouverture continuelle des portes de communication avec le dehors, doivent être chauffés beaucoup plus fortement que la salle, où la température s'élève rapidement par le seul fait de l'agglomération des spectateurs. D'autre part, la salle et ses abords n'ont pas

---

1. Page 221 de l'« *Étude sur la ventilation* », par Arthur Morin, 2 vol. in-8°. Paris, 1863.

besoin d'être chauffés pendant le jour, tandis que le contraire est nécessaire pour les dépendances de la scène et les bâtiments de l'administration.

De cette diversité de besoins résulte l'indication de trois groupes particuliers de calorifères permettant de chauffer séparément les trois parties dont se compose un théâtre : l'un des groupes servira à chauffer la salle; un autre, les abords; le troisième, enfin, la scène et ses dépendances. D'ailleurs, les calorifères ne peuvent conduire utilement l'air chaud qu'ils produisent à plus de 12 mètres environ de distance horizontale, distance qui se trouve grandement dépassée d'ordinaire par suite de la profondeur des théâtres; on a donc là une seconde raison pour multiplier les appareils.

L'observation démontre qu'il faut que les couloirs, foyers, vestibules, escaliers, etc., qui enveloppent la salle, soient chauffés à 18 ou 20 degrés, d'une manière constante, pendant la durée du spectacle, pour garantir cette salle contre les atteintes directes de l'air froid du dehors. Toutes les portes, d'ailleurs, doivent pouvoir se refermer d'elles-mêmes, toutes les volées d'escaliers être garnies de portes à leurs extrémités, et toutes les issues extérieures avoir des tambours d'isolement. Il doit exister des bouches de chaleur dans chaque tambour, au droit de chaque porte intérieure, et, dans les couloirs entourant la salle, en face de chaque porte d'entrée des galeries ou des amphithéâtres et de chaque couple de portes des loges; toutes ces bouches doivent être placées verticalement au bas des murs, et non pas horizontalement dans les planchers, à la fois pour éviter d'envoyer trop directement la chaleur à la figure des personnes, et pour éviter l'obstruction des conduits correspondants par la chute des poussières et des débris de tout genre.

Quant à la température de la salle, pour la maintenir, pendant la présence du public, dans le voisinage de 20 degrés, température que l'on peut facilement supporter dans un espace ventilé, il faut, la plupart du temps, introduire de l'air qui ne dépasse pas 10 degrés.

Les prises d'air des calorifères et de la ventilation générale doivent être toutes établies loin des endroits où peuvent se produire des émanations quelconques : de petites cours intérieures, abritées contre les pluies, et dans lesquelles il n'existe d'autres ouvertures que celles qui sont nécessaires pour le nettoyage, constituent ce qu'il y a de meilleur dans ce cas. Des conduits souterrains débouchant au dehors en des points convenables peuvent donner également de bons résultats, mais à la condition qu'il ne s'y produise aucune infiltration, aucune obstruction et qu'on puisse les nettoyer facilement.

Quand les calorifères sont uniquement destinés au chauffage, leurs prises d'air doivent être établies à un niveau inférieur à celui des bouches de chaleur les plus basses, sous peine de voir ces bouches fonctionner par appel, c'est-à-dire aspirer l'air; les calorifères ne fournissent plus alors d'air chaud qu'aux étages supérieurs, par les bouches situées à un niveau plus élevé que celui des prises d'air froid. Mais quand les locaux à chauffer sont en même temps soumis à une évacuation par voie d'appel, pareil inconvénient n'est pas à craindre, et l'on peut placer les prises d'air des calorifères à telle hauteur qu'on désire pourvu que l'appel soit assez énergique.

En outre des prises d'air qui alimentent la chambre de mélange des calorifères sous le plancher de l'orchestre et du parterre, il est de toute nécessité d'en établir d'autres, à la hauteur de chaque étage de loges ou galeries, pour amener, en été, un supplément d'air frais dans la salle, concurremment avec les prises d'air précédentes. Ces prises d'air auxiliaires doivent être garnies de registres permettant de les clore hermétiquement en hiver. L'expérience a montré toute l'importance de ces sortes de ventouses; car, d'une part, la quantité d'air fournie par les chambres de mélange des calorifères est d'autant moins considérable que la température extérieure se rapproche davantage de la température intérieure; d'autre part, plus l'air nouveau amené par la ventilation est chaud, plus il faut activer la ventilation pour empêcher la température intérieure de trop s'accroître.

Une dernière prise d'air également fort importante, et dont l'utilité se fait sentir aussi bien en hiver qu'en été, doit être ouverte sur les toits pour alimenter la salle d'air frais par l'intermédiaire d'une chambre établie dans les combles au-dessus de l'ouverture de la scène, en avant du rideau; cette chambre doit communiquer, d'ailleurs, avec les calorifères, par de larges gaines descendant des deux côtés du rideau dans les murs qui séparent la scène de la salle.

Il résulte des calculs basés sur la quantité de chaleur développée en moyenne par l'homme, que le volume d'air à renouveler dans les salles de théâtre doit être de 40 mètres cubes par heure et par spectateur en hiver, et pouvoir s'élever, en été, à 60 mètres cubes; ce qui, si l'on se reporte, par exemple, à la salle du *Théâtre-Lyrique*, d'une capacité totale inférieure à 6.000 mètres cubes, et pouvant contenir à peu près 1.500 spectateurs, implique une ventilation capable de renouveler au moins dix fois par heure tout l'air contenu dans la salle.

Connaissant le volume d'air sur lequel il importe d'exercer la ventilation, il faut savoir ensuite quelle vitesse il convient de donner aux courants d'introduction et d'évacuation de l'air pour en déduire la surface des orifices d'entrée et de sortie. Or, l'observation démontre que l'introduction ne peut se faire près des spectateurs, sans inconvénients pour eux, qu'avec une vitesse de beaucoup inférieure à celle qu'on peut impunément adopter pour l'extraction. On devra donc, en raison de l'activité qu'il faut absolument donner à la ventilation, éloigner des spectateurs les orifices d'arrivée; tandis qu'il sera possible, au contraire, d'extraire l'air vicié par des bouches d'appel placées au fond des loges ou sous les fauteuils et les banquettes de l'orchestre, du parterre et des amphithéâtres, c'est-à-dire précisément aux endroits où se produisent les émanations qui corrompent l'air pur et de manière à empêcher la diffusion de l'air vicié.

Bien des discussions ont eu lieu, avant et depuis la

construction des théâtres de la place du Châtelet, à propos de la direction qu'il convient d'imprimer aux courants de la ventilation dans l'atmosphère d'une salle de spectacle ; mais nous ne nous y arrêterons aucunement, notre intention n'étant pas de décider de la valeur de tel ou tel système, de prendre parti pour la ventilation par appel, pour celle agissant par insufflation, ou pour l'appel et l'insufflation agissant ensemble, etc. Notre but est seulement de mettre nos lecteurs à même d'apprécier les dispositions qui ont été adoptées dans les nouveaux théâtres qui font l'objet de cette publication.

Après de nombreuses expériences de tout genre, faites avec un soin extrême et décrites avec détail dans le « Rapport » de la commission, celle-ci décida que l'air devait être introduit dans la salle, à la fois par le bas des appuis de chaque étage de places, comme l'avait indiqué d'Arcet ; par les deux montants du cadre du rideau de la scène, et par une grande ouverture parallèle à la rampe, pourtournant le plancher de la scène dans l'espace occupé par les musiciens. Dans la suite on a reconnu la nécessité de supprimer cette dernière ouverture, ainsi que celles placées dans le bas des montants du cadre du rideau jusqu'à une hauteur de trois mètres au moins au-dessus du plancher de la scène, à cause des violents et dangereux courants d'air que leur présence occasionnait. Aujourd'hui M. le général Morin recommande de cribler d'orifices les tympans qui, dans un théâtre, surmontent la grande baie du rideau. On se rappelle qu'une chambre à air doit être établie au-dessus de cette baie.

Pour assurer dans les diverses parties de la salle une bonne répartition de la masse d'air fournie par les chambres de mélange des calorifères, il faut que chaque étage de places soit desservi par une série de gaines particulières, débouchant en des points différents, réglées chacune par un registre, et que jamais une seule gaine n'alimente à la fois plusieurs étages.

La vitesse d'écoulement de l'air affluant par le rebord des divers étages de places, peut être de $0^m.60$ à $0^m.70$ par seconde, pour l'air fourni par les ventouses de la ventilation d'été, et atteindre 1 mètre pour l'air venant des chambres de mélange des calorifères ; mais il faut que la direction du courant d'air soit horizontale.

Les bouches doivent avoir une section libre égale à celle des gaines qui y aboutissent.

L'afflux de l'air par le tour du rideau de la scène peut se faire avec une plus grande vitesse que par le rebord des balcons, en raison du plus grand éloignement des spectateurs, mais il faut encore veiller à ne gêner ni les acteurs ni les personnes qui se tiennent dans les loges voisines du rideau.

Quant aux bouches d'appel de l'air vicié, elles doivent être ouvertes dans les parois verticales, au fond des loges ou des galeries, ou dans celles des gradins des amphithéâtres, à la partie inférieure du mur de pourtour de l'orchestre et du parterre, en avant des baignoires et sur le côté des supports ou pieds des sièges du parterre et de l'orchestre ; ces supports doivent être creux et communiquer avec de larges gaines aspirantes,

situées au-dessous du plancher. Aucune bouche, quelle qu'elle soit, ne doit être placée horizontalement à fleur de terre.

L'évacuation de l'air vicié du parterre, de l'orchestre, des loges de baignoires et, autant que possible, de la première galerie, doit se faire à l'aide d'un réseau de conduits particuliers se réunissant dans des collecteurs débouchant dans le bas de grandes et hautes cheminées d'appel établies près de la salle, une de chaque côté. L'appel de ces cheminées doit pouvoir se régler au moyen de registres. Si le théâtre est petit, une seule cheminée peut suffire. Dans le cas contraire, il faut diviser en deux moitiés, indépendantes l'une de l'autre, le réseau des conduits d'air vicié, pour que les cheminées fonctionnent séparément. Disons de suite que les tuyaux de fumée des calorifères doivent monter dans ces cheminées pour aller déboucher sur les toits, et qu'il convient de les établir en fonte et complétement isolés dans toute leur longueur pour utiliser le mieux possible leur chaleur rayonnante. C'est aussi dans ces cheminées qu'il faut faire passer le trop-plein d'air chaud des calorifères, afin d'en utiliser la chaleur au profit de l'aspiration de l'air vicié.

Pour activer le tirage de ces cheminées, en été, alors qu'on n'allume pas les calorifères, il faut y brûler de la houille dans un poêle établi à leur base pour cet objet, ou y allumer un nombre suffisant de becs de gaz.

Dans toutes les parties de la salle qui ne sont pas ventilées par les cheminées d'appel, c'est par des conduits desservant séparément chaque étage de places que doit se faire l'extraction de l'air vicié, en ayant soin de ne faire servir chaque conduit qu'à deux loges contiguës d'un même étage.

Tous ces conduits divers ainsi que les cheminées précédentes, servant à l'écoulement de l'air vicié, doivent aboutir séparément dans la coupole du foyer d'éclairage de la salle, comme dans une sorte de chambre commune, bien close alentour et surmontée d'une cheminée générale d'évacuation. La cheminée doit avoir de 6 à 8 mètres de hauteur, être construite en brique et non en métal, pour mieux conserver la chaleur acquise et posséder à la base un registre permettant d'en régler le débit et de la fermer hermétiquement quand il convient de supprimer la ventilation de la salle.

Des ouvertures munies de registres doivent exister autour de la coupole pour permettre d'y introduire à volonté de l'air extérieur, dans le but de modérer la force aspirante des conduits d'air vicié, sans qu'il soit besoin pour cela de toucher au registre de la cheminée. Il convient en effet, pendant les entr'actes, c'est-à-dire au moment où le spectacle est en quelque sorte dans la salle, d'éclairer celle-ci plus vivement que lorsque le rideau est levé, ce qui détermine une augmentation de chaleur activant l'appel. Or, pendant ce temps, une partie du public quitte la salle ; de là résulte une moins grande altération de l'atmosphère de cette salle et, par suite, l'indication de diminuer l'activité de la ventilation pour réduire les rentrées d'air qui se font du reste forcément par les portes à chaque instant ouvertes. On pourrait réduire l'appel de la ventilation en diminuant l'échappement de la coupole dans sa cheminée ; mais il en résulterait une élévation considérable de la température dans la coupole et on pourrait avoir à craindre des dégradations du plafond vitré de la salle.

L'air vicié peut, sans inconvénient, être aspiré par les bouches d'appel à la vitesse de 0ᵐ.80 à 1 mètre par seconde. Cette vitesse doit être accélérée successivement dans les conduits d'évacuation et atteindre finalement 2 mètres par seconde à la bouche de sortie de la cheminée générale. Il faut que la tête de la cheminée soit disposée de manière à protéger le courant d'air évacué contre l'action contraire des vents.

Les cintres de la scène où peuvent s'accumuler les fumées de la poudre ou d'autres artifices brûlés pendant les représentations, et où la température peut s'élever à un degré insupportable, doivent être ventilés par une gaîne débouchant, comme les conduits d'air vicié de la salle, dans la chambre commune dont nous venons de parler. Cette gaîne doit de plus être fermée par un registre permettant d'en arrêter au besoin le fonctionnement, et des becs de gaz doivent y être disposés pour déterminer, à l'occasion, un courant d'air des plus énergiques.

La question de l'éclairage des salles de théâtre est intimement liée à celle de la ventilation. On comprend, en effet, que, pour assurer le jeu normal du système de ventilation dont nous venons de décrire les dispositions générales, il importait, dans l'ordre d'idées qui a prédominé à cette époque, de soustraire l'atmosphère des salles à l'action directe, immédiate de leur foyer d'éclairage. Le lustre, à la lumière si vive, si étincelante, mais produisant par sa cheminée le fâcheux courant d'air qu'on sait, ne pouvait être que difficilement conservé. On a pensé qu'il fallait absolument l'isoler de la salle, le garnir d'une enveloppe de verre, comme une sorte de lanterne. Telle fut l'origine des plafonds lumineux établis aux théâtres de la place du Châtelet.

L'aspect de ces plafonds a paru relativement monotone ; mais ils constituent la première application d'une idée ingénieuse que l'avenir saura bien perfectionner.

Un des inconvénients qui résultent de l'emploi des plafonds lumineux est leur excessive dépense de gaz, dépense plus que deux fois et demie supérieure à celle qu'exigeait l'ancien lustre pour une même intensité de lumière répandue sur les spectateurs, ce qui s'explique par la plus grande distance entre le foyer de lumière et les spectateurs, et par l'interposition d'un vitrage entre la flamme des becs et la salle éclairée. On sait, en effet, que l'intensité de la lumière transmise est en raison inverse du carré des distances, et que la transmission à travers une vitre d'épaisseur ordinaire est réduite de 1.000 à 652 si la vitre est dépolie, et à 759 si elle est transparente. Mais cette dépense de gaz, excessive pour l'éclairage, est, à un certain point de vue, compensée par l'effet produit pour la ventilation et l'extraction de l'air vicié. A ce propos, disons que les becs d'éclairage

des loges et autres endroits doivent être surmontés de fumivores avec petits tuyaux de 0ᵐ.015 à 0ᵐ.018 de diamètre, allant rejoindre directement les conduits d'évacuation de l'air vicié les plus proches. On utilise encore de cette façon, au profit de la ventilation, la chaleur des produits de la combustion de ces becs.

On a calculé qu'en moyenne, avec une bonne disposition générale de l'éclairage et de la ventilation, chaque mètre cube de gaz brûlé pouvait produire l'évacuation de 600 à 800 mètres cubes d'air ; mais cette proportion n'a pas été atteinte dans les applications que nous examinons.

Voici, pour terminer à ce sujet, quelques renseignements relatifs aux quantités de gaz brûlées par les appareils des deux théâtres de la place du Châtelet :

Au *Théâtre-Lyrique*, les 1.480 becs d'éclairage pouvaient brûler 295 mètres cubes par heure. Dans les expériences faites pour la réception des travaux, il n'a été consommé que de 200 à 220 mètres cubes par heure. Pendant les représentations de janvier et février 1863, la moyenne de la consommation s'est réduite à 90 mètres cubes par heure.

Au théâtre du *Châtelet*, les 1,506 becs d'éclairage pouvaient brûler 255ᵐᶜ.300 par heure. Du 1ᵉʳ août au 20 décembre 1862, la moyenne de la consommation ne fut que de 61ᵐᶜ.539, et, pendant les mois de janvier et février 1863, de 57ᵐᶜ.06 par heure.

III. — *Dispositions exécutées aux deux théâtres.*

Voici le programme qui avait été arrêté pour l'établissement des appareils de chauffage et de ventilation du *Théâtre-Lyrique*.

1° Le chauffage de la salle, des vestibules, des escaliers, des corridors, de la scène, des foyers et des loges d'artistes sera fait par des calorifères à air chaud.

La température moyenne dans tous ces locaux ne devra pas descendre au-dessous de 15 degrés centigrades ;

2° La prise d'air générale aura lieu par une galerie qui ira déboucher dans le jardin public voisin et au-dessus du niveau des hautes eaux. Des dispositions seront prises pour que l'air affluent puisse être, selon les besoins, dirigé, soit dans les calorifères, soit dans la chambre à air ;

3° L'introduction de l'air nouveau aura lieu :

(a) Comme l'avait proposé feu Darcet, au-dessous des loges, des galeries et des amphithéâtres, par des doubles-fonds disposés à cet effet sur tout le pourtour de chaque étage ;

(b) Par l'avant-scène et par des ouvertures ménagées dans les parois verticales des murs qui séparent la scène de la salle ;

(c) Par des ouvertures auxiliaires destinées à la ventilation d'été, ménagées, s'il est possible, sous les planchers des corridors à chaque étage de loges, et prenant l'air à l'extérieur.

4° L'évacuation de l'air vicié de la salle aura lieu par des bouches d'appel placées au niveau et au fond du sol des loges et des galeries, ou dans les parois verticales des gradins des amphithéâtres ;

5° La ventilation aura lieu par appel, en utilisant la chaleur du lustre et, autant que possible, celle de tous les autres appareils d'éclairage, au moyen de conduits d'évacuation des gaz de la combustion, que l'on mettra en communication avec les cheminées disposées à cet effet;

6° La fumée des calorifères sera, par des tuyaux spéciaux, envoyée dans les mêmes cheminées ainsi que l'air chaud surabondant que les calorifères fourniraient à certains moments;

7° Des foyers spéciaux pour la ventilation d'été seront disposés au bas des cheminées d'évacuation latérales; leur fumée y sera isolée;

8° Des becs de gaz auxiliaires seront installés dans les cheminées pour activer l'appel et le renouvellement de l'air, particulièrement en été;

9° Il pourra être établi, au centre de l'édifice, une cheminée d'évacuation qui sera mise en communication avec les tuyaux d'échappement des gaz, du lustre et d'autres appareils d'éclairage;

10° Le volume d'air à extraire de la salle ne devra pas être inférieur à 30 mètres cubes par heure et par spectateur : soit 51,000 mètres cubes pour un auditoire supposé de 1,700 personnes.

Le programme arrêté pour le *Théâtre du Châtelet* était absolument le même que celui dressé pour le *Théâtre-Lyrique*, à l'exception toutefois du cube total d'air à extraire, qui devait être de 90,000 mètres cubes pour un auditoire de 3,000 personnes. La prise d'air des calorifères de la salle de ce théâtre devait être faite par une galerie passant sous le quai de la Mégisserie et débouchant sur la berge au-dessus du niveau des hautes eaux ; mais le passage des égouts et tuyaux divers existant sous la chaussée a rendu impossible l'établissement de cette galerie, ce qui a conduit à placer la prise d'air dans le sol du grand couloir traversant le théâtre à rez-de-chaussée. Le programme du *Théâtre du Châtelet* offrait, de plus que celui du *Théâtre-Lyrique*, cette recommandation :

« Art. 2. — Les cheminées d'appel voisines de la scène seront spécialement utilisées pour l'évacuation des gaz de la poudre dans les combats figurés. Il sera disposé un certain nombre de becs de gaz d'éclairage auxiliaires et des orifices d'appel pour le même usage. »

Les entrepreneurs chargés de l'établissement des appareils de chauffage et de ventilation des deux théâtres étaient, pour le *Théâtre-Lyrique*, M. d'Hamelincourt, et, pour le *Théâtre du Châtelet*, M. Guérin, ce dernier, ingénieur de la maison Duvoir-Leblanc.

Nous n'entreprendrons pas de décrire en détail les appareils établis par ces deux habiles constructeurs. Toutes les dispositions adoptées sont d'ailleurs clairement reproduites sur nos planches de dessins, avec des légendes explicatives très-complètes, et l'on peut facilement se rendre un compte exact du jeu de la ventilation, à l'aide des flèches nombreuses figurées partout sur ces planches et indiquant les courants qui se produisent à travers la salle, depuis les orifices de prise d'air jusqu'aux dernières bouches d'évacuation de l'air vicié. Voici, du reste, une série d'explications complémentaires et de résultats d'expérience qu'il est important de connaître :

Théâtre-Lyrique. — La salle offre au public 1,472 places, ce qui, à 30 mètres cubes par spectateur, donne un volume total d'air à renouveler par heure de 44.160 mètres cubes au lieu du volume de 51,000 mètres cubes portés sur le programme avec l'hypothèse de 1,700 places.

La galerie de prise d'air des calorifères de la salle, aboutissant dans le square Saint-Jacques, mesure 9^{mq}.08 de section libre. Il a été constaté, dans une expérience en date du 9 décembre 1862, que cette prise d'air fournissait 30,850 mètres cubes d'air par heure, correspondant à une vitesse d'écoulement de 1^m.94 par seconde. L'on n'avait demandé que 30,000 mètres cubes, comptant pour combler la différence qui existait entre ce chiffre et celui de l'évacuation, fixé à 51,000 mètres cubes, sur les rentrées d'air qui se feraient par les portes de la salle et par l'ouverture de la scène. Au mois d'août précédent, on n'avait constaté le passage dans cette galerie que de 25,524 mètres cubes d'air. Ce volume s'était même trouvé réduit, à la fin de septembre, à 19.685 mètres cubes par suite du développement de lierres rampants sur le grillage couvrant le puits de prise d'air, dans le square Saint-Jacques. Quelques jours après, le lierre ayant été coupé, le débit de la galerie remonta à 26.000 mètres cubes, correspondant à une vitesse de 0^m.80 par seconde. Le débit de la galerie est ainsi moins considérable en été qu'en hiver, ce qui s'explique : d'abord par la différence de température entre l'intérieur de la salle et le dehors, différence moins grande en été qu'en hiver; ensuite, par le non-allumage des calorifères dont le fonctionnement active l'écoulement de l'air par la galerie. Il aurait fallu que la section de la galerie fût de 16 à 17 mètres carrés pour que cette galerie pût permettre, en tout temps, le passage de la quantité d'air nécessaire à la ventilation.

Les calorifères de la salle peuvent fournir jusqu'à 25,000 mètres cubes d'air chaud par heure, à la vitesse de 0^m.77 par seconde. Les chambres de mélange d'air chaud et d'air froid ont une capacité de 185 mètres cubes. Il en part six conduits : deux destinés à alimenter les divers étages de places ; deux autres aboutissant à une longue ouverture grillée pourtournant la rampe, ouverture qui est maintenant supprimée parce que cet arrivage abondant d'air dans l'orchestre gênait les musiciens; deux autres enfin allant rejoindre les gaines placées près des deux montants du cadre du rideau.

Les prises d'air auxiliaires pour la ventilation d'été, devant déboucher directement du dehors à la hauteur de chaque étage de places et par les orifices situés dans le mur qui sépare la scène de la salle, n'existent pas.

La surface libre totale des orifices d'introduction de l'air, qui était, avant la suppression de l'ouverture grillée pourtournant la rampe, de 17^{mq}.78, s'est trouvée, après, n'être plus que de 14^{mq}.18, correspondant à un volume total d'air de 25,000 mètres cubes par heure seulement, à la vitesse moyenne de 0^m.60 par seconde.

En 1863, des expériences faites au mois de mai donnèrent, pour l'introduction de l'air, les chiffres suivants : 15,439 mètres cubes le 23 mai, et 10.587 le 30.

Quant à l'évacuation de l'air vicié pour l'orchestre, le parterre et les baignoires, elle dispose d'une surface libre de 6 mètres carrés de bouches d'appel, mais cette surface est réduite à 3^{mq}.67 seulement de section dans les gaines correspondantes. Il résulte d'expériences faites en mai 1863, par des températures extérieures comprises entre 13°.5 et 23°. qu'en brûlant 200 à 250 kilogrammes de houille par soirée dans les cheminées d'appel où ces gaines aboutissent, l'évacuation d'air vicié peut s'élever par elles à 61.000 mètres cubes par heure, soit plus de 40 mètres cubes par spectateur. Mais le plus souvent les directeurs ne font pas fonctionner les cheminées en été, pour ne pas brûler de charbon, ce qui réduit considérablement alors l'extraction d'air vicié, et peut même donner lieu à des rentrées d'air froid par les bouches si les registres des cheminées ne sont pas fermés.

Aux étages, les bouches d'appel sont établies, le plus souvent possible, dans les parois verticales, en haut, et au fond des loges, mais parfois il a fallu les pratiquer dans les plafonds des loges, par suite de la situation des gaines.

La surface totale libre des bouches d'appel qui se trouvent dans toute la salle, y compris celles déjà comptées ci-dessus, est de 37^{mq}.08, soit plus de trois fois celle des orifices d'introduction. Les expériences faites en mai 1863 ont constaté un passage d'air variant de 53.631 mètres cubes le 23 mai, à 61,718 le 30 mai, chiffre qui correspond à 41^{mc}.93 par place ; mais le 3 décembre 1862, par une température extérieure plus froide, le volume d'air s'était élevé à 60,054 mètres cubes, soit 40^{mc}.80 par place.

En résumé, nous voyons que le volume d'air évacué varie dans des limites assez étroites, été comme hiver. Il correspond sensiblement à un cube normal de 40 mètres cubes par spectateur. Il en est tout autrement pour l'introduction de l'air. Dans l'été de l'année 1862, l'introduction d'air était de 25.000 mètres cubes environ ; elle monta à près de 31,000 mètres cubes l'hiver suivant, pour redescendre, fin mai 1863, à 10.000 mètres cubes environ. Une partie de ces différences doit être attribuée à la suppression des orifices de la rampe ; une autre peut être attribuée à l'absence d'orifices auxiliaires pour l'été, qui furent demandés par la commission, dans le cas où il serait possible de les établir, mais qui ne purent être exécutés, nous dit M. Davioud, en raison des obstacles qui séparaient la salle de l'air extérieur et vu l'état d'avancement des autres ouvrages et la nécessité de livrer la salle. Cependant les divergences des chiffres d'introduction entre eux et les différences de ces mêmes chiffres avec ceux de l'évacuation n'en restent pas moins si considérables qu'il faut en conclure que la question n'est pas encore suffisamment éclairée et qu'elle exige de nouvelles études.

L'état de la température maintenue dans la salle a été d'une uniformité remarquable. Ainsi, le 16 décembre 1862, le thermomètre marquant à l'extérieur 0°.5, on a maintenu à la scène, avec un feu très-modéré, une chaleur de 18 à 19 degrés ; aux stalles d'orchestre et aux baignoires, 22 degrés ; à l'amphithéâtre, 23 degrés. Le 7 décembre précédent, le thermomètre marquant à l'extérieur 13 degrés, les températures intérieures avaient été : à la scène, 18°.05 ;

aux stalles d'orchestre et aux baignoires, 23 degrés, et à l'amphithéâtre, 24 degrés.

Théâtre du Châtelet. — Nous avons déjà dit que le projet rédigé par l'ingénieur de la maison Duvoir-Leblanc, pour satisfaire au programme de la commission, n'avait pas été exécuté, par raison d'économie. Aussi la disposition adoptée s'écarte-t-elle beaucoup du projet accepté par la commission. Ainsi, par exemple, on avait d'abord jugé convenable de ne pas faire d'introduction d'air par le rebord des divers balcons et l'on avait disposé cette introduction tout entière en avant et en arrière de la rampe et dans les montants du cadre du rideau ; mais, par la suite, on établit des orifices d'accès d'air au bas des appuis des 1er et 2e étages de places ; ce qui est heureux, car on s'est vu dans la suite obligé de fermer complétement, pendant la durée des actes, les ouvertures voisines de la rampe qui gênaient les acteurs.

Les calorifères qui alimentent d'air chaud toutes ces ouvertures ont, comme ceux du *Théâtre-Lyrique*, des chambres de mélange. Des prises d'air frais, établies dans les courettes voisines de la Seine, alimentent directement les deux gaines situées à côté des montants du cadre du rideau et les entrevoux des deux premiers étages de places. Cette disposition est excellente, à condition de maintenir en parfait état de propreté les courettes où s'ouvrent les prises d'air.

La suppression des ouvertures voisines de la rampe a conduit l'ingénieur de la maison Duvoir-Leblanc à établir des orifices d'accès pour l'air extérieur dans le mur vertical du fond du parterre. Mais les courants d'air qui s'établissent par ces orifices sont des plus incommodes.

L'évacuation de l'air vicié se fait à peu près comme au *Théâtre-Lyrique* : seulement les bouches d'appel des loges ne sont pas commandées par des conduits particuliers aboutissant séparément dans la coupole, mais par de vastes gaines communes.

Le 11 août 1862, le public étant absent, l'introduction de l'air dans la salle a été de 38.597^{mc} par la totalité des ouvertures ; mais, après la fermeture des orifices avoisinant la rampe, elle s'est trouvée réduite de plus de moitié. Les entrevoux seuls ont fourni jusqu'à 12,924 mètres cubes par heure, la température extérieure étant de 15 degrés, quoique leur section soit fort réduite.

L'évacuation de l'air vicié s'est élevée, le 11 août 1862, au total de 106,996 mètres cubes par heure, soit 35^{mc}.95 par spectateur ; mais le 16 janvier 1863, elle est descendue à 53.000 mètres cubes pour 2,976 places, soit 17^{mc}.80 pour chacune, par suite de la trop faible quantité de gaz brûlée dans la coupole, de la mauvaise direction des appareils et de la surface trop restreinte des bouches d'appel. La surface totale de ces bouches, qui n'était d'abord que de 29^{mq}.78, a été agrandie et portée à 37^{mq}.78, soit, approximativement, 0^{mq}.013 par place, tandis qu'au *Théâtre-Lyrique* la surface correspondante est de plus de 0^{mq}.025.

Des expériences qui précèdent il serait difficile de

tirer des conclusions analogues à celles qui s'offraient d'elles-mêmes pour le *Théâtre-Lyrique*. Ces expériences n'ont pas la même valeur, la plupart ayant été faites sur une salle vide; et les résultats varient entre des limites trop éloignées. D'une manière générale nous pouvons constater que les chiffres sont inférieurs à ceux que nous avons cités pour le *Théâtre-Lyrique*.

Quant à la température constatée dans les différentes parties de la salle du *Châtelet*, en mars 1863, le thermomètre marquant environ 15 degrés au dehors, elle s'est élevée, du commencement à la fin du spectacle, à l'orchestre, de 16 à 19 degrés; au fond du parterre, de 20 à 28 degrés, et à l'amphithéâtre supérieur, de 23 à 29 degrés. Ces différences de température, comparées à l'uniformité obtenue dans la première série d'expériences, montrent que la ventilation du *Théâtre du Châtelet* est moins complète que celle du *Théâtre-Lyrique*.

Conclusion. — L'établissement du chauffage et de la ventilation dans les deux théâtres a été l'occasion d'expériences préalables et d'études théoriques faites par la commission scientifique, qui devront, dorénavant, servir de point de départ à toutes les recherches de ce genre. Ces études ont fait faire un progrès notable à une question peu connue à l'époque et qui est, chaque jour encore, l'objet de recherches et d'applications nouvelles.

Dans les deux théâtres, au *Châtelet* surtout, l'exécution n'a pas été entièrement conforme au programme de la commission; en outre, le fonctionnement de ces appareils a été soumis, par des causes accidentelles, parfois un mauvais entretien, un service mal entendu, etc., à des irrégularités dont il ne faudrait pas rendre le système responsable. Néanmoins on a pu, avec les installations faites, exécuter un certain nombre d'expériences qui permettent d'apprécier pratiquement, au moins en partie, les idées mises à exécution.

Il y a dans cette question du chauffage et de la ventilation des théâtres deux ordres d'idées qu'il importe de bien distinguer : il y a un problème mécanique à résoudre, qui consiste à introduire dans le théâtre un volume d'air déterminé, à une température déterminée, et à extraire un certain volume d'air vicié; mais d'autre part on doit se préoccuper d'une question en quelque sorte physiologique, l'impression produite sur les spectateurs par le mouvement de masses d'air aussi considérables.

La commission a appliqué à la première question la solution de l'appel par combustion de gaz; ce système semble devoir donner de bons résultats pour l'extraction de l'air vicié, mais jusqu'à présent il n'assure pas une introduction d'air suffisante. L'emploi d'appareils mécaniques agissant par appel, par insufflation ou simultanément par appel et insufflation, pourrait peut-être fournir des solutions plus complètes. Seraient-elles aussi économiques?

Pour la deuxième question, sa solution n'est pas aussi avancée à notre avis : chacun se rappelle combien le public a été désagréablement impressionné par les courants d'air qui se produisaient dans les deux salles. Nous rappellerons que la quantité d'air introduite par les appareils est notablement inférieure à la quantité d'air extraite. Doit-on chercher à amener par les conduits spéciaux un volume d'air égal au volume d'air extrait, ou dans quelle proportion peut-on accepter qu'une partie de la rentrée d'air se fasse par l'ouverture de la scène, les ouvertures accidentelles, les portes, etc.? Quel est celui des deux procédés qui est le plus avantageux au point de vue du bien-être des spectateurs? Ne serait-il pas possible d'éloigner du public, plus qu'on ne l'a fait, les orifices d'introduction? Ne doit-on pas mieux mélanger l'air introduit avec l'air ambiant avant de le laisser parvenir jusqu'au public, etc? Autant de questions qui sollicitent l'attention des constructeurs, et que l'on ne saurait encore regarder comme entièrement résolues.

Les travaux exécutés pour l'établissement des appareils de chauffage et de ventilation dans les deux théâtres ont coûté :

Au Théâtre-Lyrique :

1° Entreprise d'Hamelincourt (travaux de fumisterie) . . . . 106.653 fr. 60

2° Entreprise Bella (travaux divers, accessoires pour l'installation des appareils : maçonnerie, serrurerie, menuiserie, etc. 110,000 00

Total . . . . . 216.653 fr. 60

Au Théâtre du Châtelet :

1° Entreprise Davoir-Leblanc (travaux de fumisterie) 78,770 00

2° Entreprise Bella (travaux divers) . . 89.479 00

Total . . . . . 168.249 fr. 00

Si l'on rapporte ces deux totaux de la dépense d'installation au nombre des spectateurs que peut recevoir chaque salle (3,000 pour le *Châtelet* et 1,700[1] pour le *Théâtre-Lyrique*), on trouve pour le premier 56 fr. 08 c. par place, et pour le second 127 fr. 41 c. L'importance plus considérable du chiffre relatif au *Théâtre-Lyrique* s'explique sans doute par le fait que nous signalions plus haut, que l'installation faite à ce dernier théâtre est beaucoup plus complète qu'au *Châtelet*. Mais il faut bien reconnaître que ces prix élevés montrent qu'il reste encore des progrès à faire pour réaliser un système vraiment pratique, c'est-à-dire efficace et économique, de chauffage et de ventilation.

---

1. Nous donnons ici le nombre de places indiqué par le programme. Le nombre des places existant réellement est, comme nous l'avons vu précédemment, inférieur à 1,700.

CONCLUSION.

 E théâtre est le complément monumental de toute ville civilisée de quelque importance.

A côté de l'Église, où s'exerce le culte national;

De la Mairie, où siége l'administration communale;

De l'École, où l'enfance s'instruit;

Du Tribunal, où se distribue la justice;

De la Gare, foyer nouveau de la circulation commerciale;

Il faut une place au THÉÂTRE;

Car les jouissances de l'art sont nécessaires à l'âme comme le pain au corps, l'instruction à l'esprit, le chemin à la circulation, les lois civiles et religieuses à l'ordre public et privé.

Comment donc se fait-il que depuis plus d'un siècle, — dans un pays comme le nôtre surtout, où l'art dramatique occupe un rang si considérable, — à l'exception de ces dernières années, il se soit accompli si peu de progrès dans l'architecture des théâtres? La question vaut certes la peine d'être examinée.

Le théâtre moderne, contrairement à ce qui avait lieu dans l'antiquité, est devenu un édifice extrêmement complexe, et son programme, loin de se simplifier, voit chaque jour croître le nombre des conditions auxquelles l'architecture moderne est invitée à satisfaire. Sans parler de ces édifices hybrides ou à plusieurs fins, devenus si nombreux à Paris, où tantôt l'esprit d'économie fait succéder les jeux scéniques aux concerts, et où tantôt le spéculateur hardi offre l'attrait de la «consommation» à un public auquel ne suffisent pas toujours les charmes purs et élevés de l'art, sans parler des théâtres-concerts, des cafés-concerts, etc., mais en nous renfermant strictement dans la question de l'architecture théâtrale du caractère le plus élevé, il faut reconnaître non-seulement que le public devient, et avec raison, de plus en plus exigeant sous le rapport de la sécurité et de l'ordre, du confort, du luxe et de la beauté des salles, mais que le mouvement général de la littérature, la sonorité croissante des orchestres, la multiplicité des pièces à grand spectacle, les sages et vives préoccupations de l'hygiène, etc., font entendre leur impérieuse sommation d'avoir à résoudre, mieux que par le passé, les problèmes d'acoustique, d'éclairage, de chauffage, de ventilation et de machination qui intéressent les théâtres. Et quelle que soit la cause de la lenteur apportée aux perfectionnements, c'est l'architecte qu'on en rend responsable; c'est à lui qu'on impute une impuissance dont on aurait pu adresser le reproche, avec plus de justice, à la science elle-même; car d'elle surtout dépendent en effet les progrès réclamés.

— En France, la réforme de l'architecture théâtrale datera du second Empire : Paris en aura donné l'exemple; M. le baron Haussmann, — aux applaudissements et avec le concours de la municipalité parisienne, — en aura été le promoteur principal, et, comme architectes, nos confrères, M. Davioud, aux théâtres *Lyrique* et du *Châtelet*, M. Ch. Garnier, agissant sur une plus vaste scène, au grand Opéra, M. Magne, au Vaudeville, etc., auront été les habiles instruments chargés, en France, de réaliser les améliorations nouvelles.

Les deux théâtres de la place du Châtelet, construits en regard l'un de l'autre et destinés, le premier (le *Théâtre national du Châtelet*) aux représentations des pièces qui réclament toute la splendeur de la mise en scène, le second (le *Théâtre-Lyrique*) aux opéras, présentaient une occasion unique d'expérimenter en grand, au profit de la France entière et de l'art, les perfectionnements et les innovations que le progrès réclamait et qu'on se croyait enfin en mesure de réaliser.

Les améliorations introduites et les innovations essayées dans les deux théâtres de la place du Châtelet sont nombreuses; nous rappellerons ici très-sommairement les principales d'entre elles. Ce sont :

La forme variée des deux salles, conséquence naturelle du caractère spécial des représentations de chacun des deux théâtres, la vue étant tout dans l'un, tandis que l'oreille joue le principal rôle dans l'autre. Ainsi au *Théâtre du Châtelet*, des amphithéâtres heureusement disposés permettent à 3,000 spectateurs de jouir parfaitement des effets de la scène, et au *Théâtre-Lyrique*, des loges, des galeries placées dans les meilleures conditions visuelles et acoustiques réalisées jusqu'à ce moment assurent à 1,700 auditeurs la plénitude des plaisirs qu'ils sont venus chercher;

L'importance, le nombre et la distribution des dépendances nécessaires à un établissement affecté, comme le *Théâtre du Châtelet*, aux grands effets de la scène : cour couverte pouvant au besoin servir à agrandir la scène, vastes dégagements, dépôts divers de machines, de matériel et d'accessoires, manége, *praticables* pour la manœuvre et les évolutions de plus de 500 comparses, nombreuses loges d'artistes, salles de comparses où 500 personnes peuvent s'habiller à la fois, grands magasins d'habillement et pour le rangement des costumes, salles nombreuses pour l'administration, la police, le service de santé, etc.;

11

Le système de dégagement des escaliers et des vestibules, où deux ou trois grandes catégories de spectateurs trouvent des entrées, des escaliers et des couloirs spéciaux ;

L'éclairage qui, par une disposition en partie nouvelle, soustrait complétement le spectateur à l'action du gaz, si nuisible au point de vue de l'hygiène, et à l'éblouissement fatigant causé souvent par le système des lustres à découvert ;

Enfin le chauffage et la ventilation, qui s'opèrent suivant un nouveau mode étudié par une commission composée des plus illustres représentants de la science en France, et à l'aide duquel le gaz servant à l'éclairage de la salle est mieux utilisé pour le renouvellement de l'air.

Nous ne disons rien de la combinaison qui consiste à ouvrir des boutiques dans certaines dépendances d'un théâtre. Beaucoup d'architectes sont les adversaires d'une disposition qui, suivant eux, trouble le caractère spécial du monument. Il n'y a là peut-être qu'un malentendu, qu'une explication ferait aisément disparaître. Nous avons cherché à donner cette explication, à indiquer dans quelles limites cette disposition peut non-seulement être acceptable, mais offrir même de grands avantages. Constatons d'ailleurs qu'*en fait*, dans tous les pays, l'édifice dramatique, obéissant à la pression des besoins publics, tend à élargir de plus en plus ses dépendances pour qu'on puisse y ouvrir des boutiques et créer certains établissements commerciaux qui, tout à la fois, profitent du mouvement de circulation provoqué par l'ouverture des théâtres et le favorisent. Outre le bénéfice financier que procure cette disposition, elle a encore pour résultat d'animer le quartier pendant le jour et surtout le soir, d'assurer une plus grande propreté aux alentours de l'édifice, ainsi qu'un éclairage extérieur plus complet et une plus grande sécurité. En présence de ces avantages, les administrations, comme les simples spéculateurs, feront entrer de plus en plus, désormais, l'établissement de *magasins* et de *boutiques* dans leur programme, comme un élément essentiel de succès d'un théâtre. Seulement on ne doit pas, en accordant à la spéculation une importance exagérée, aller jusqu'à lui sacrifier le caractère artistique que doit toujours revêtir un monument tel qu'un des principaux théâtres d'une grande ville.

Telles sont les innovations importantes qu'on remarque tout d'abord dans les deux théâtres de la place du Châtelet, et que nous avons voulu faire connaître par l'ouvrage que nous publions.

— En outre des problèmes techniques que nous avons énumérés plus haut, nous avons reproduit les dispositions générales et les détails d'art les plus intéressants des deux théâtres. Nous plaçons ainsi sous les yeux des lecteurs tous les principaux motifs d'ornementation et de décoration, tant des façades extérieures que de l'intérieur des salles, des foyers, des vestibules, des escaliers, etc., etc.; et, il faut bien le dire, dans ces détails, la grâce, l'élégance et la souplesse du talent de M. Davioud se montrent sous leur plus heureux aspect.

CÉSAR DALY.

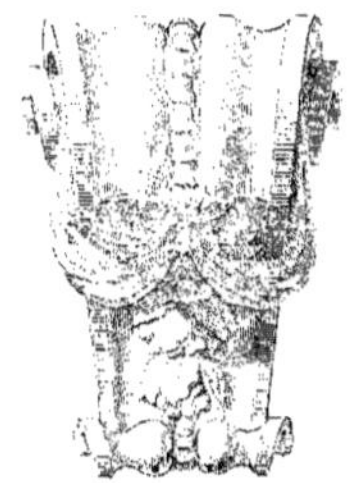

TABLE

DES MATIÈRES DU TEXTE.

TABLE GÉNÉRALE DES PLANCHES.

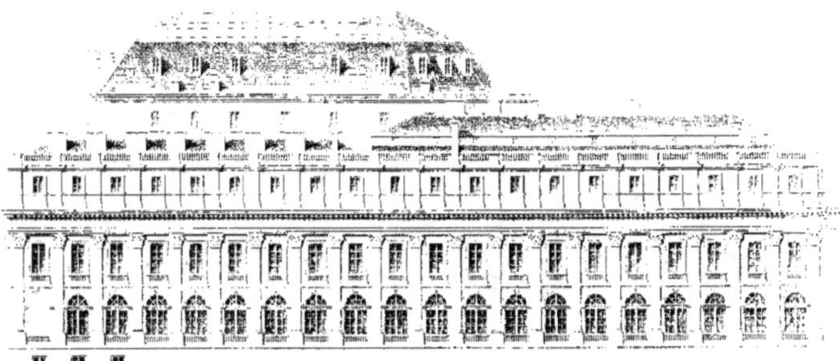

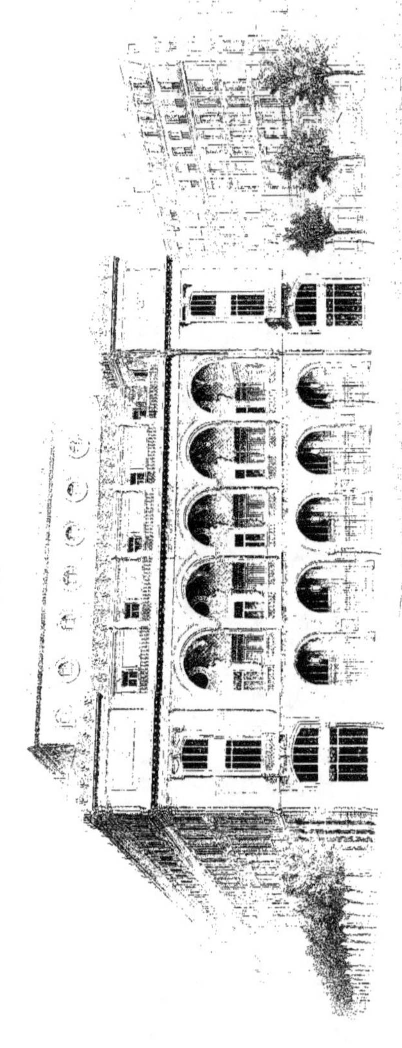

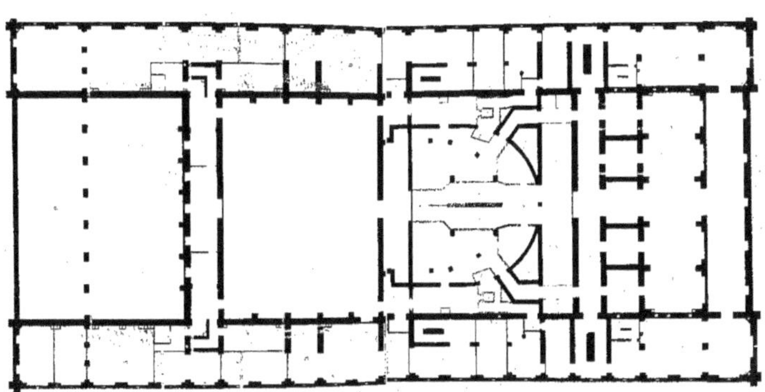

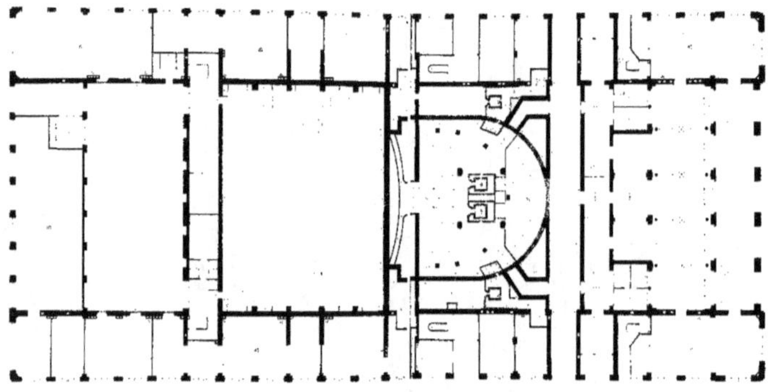

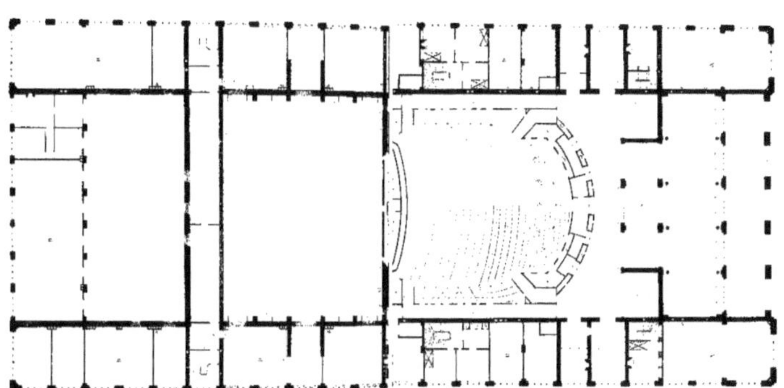

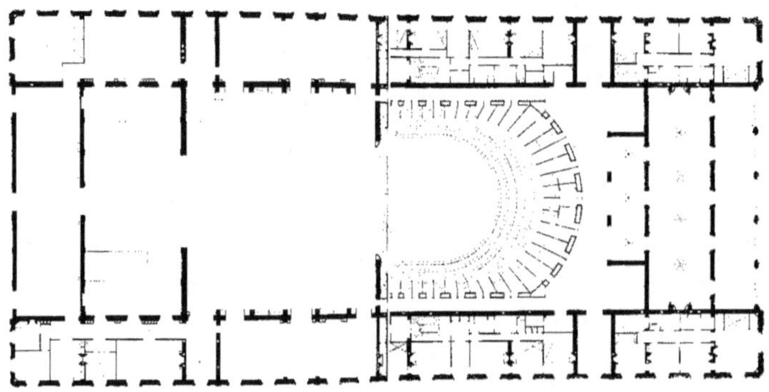

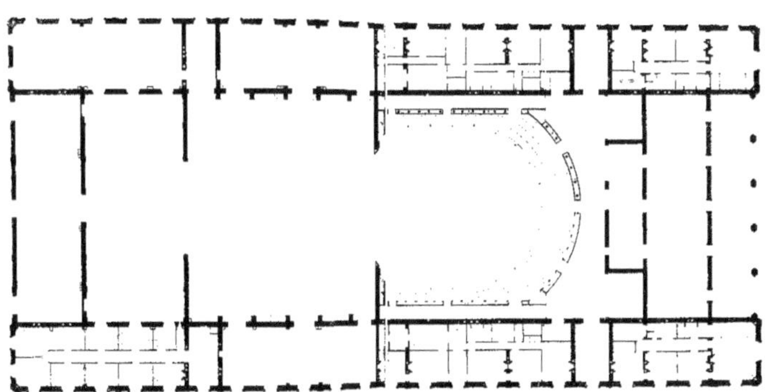

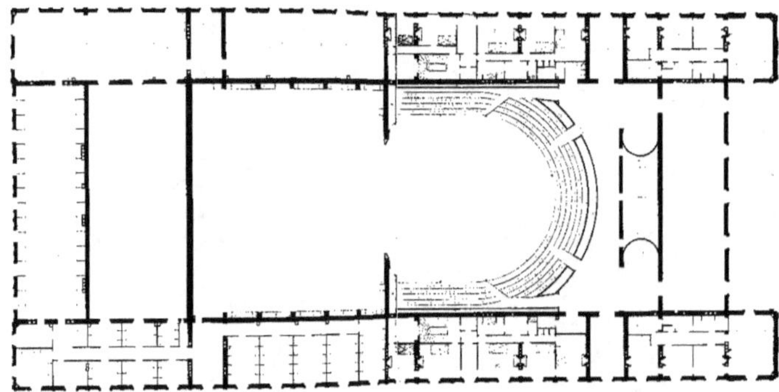

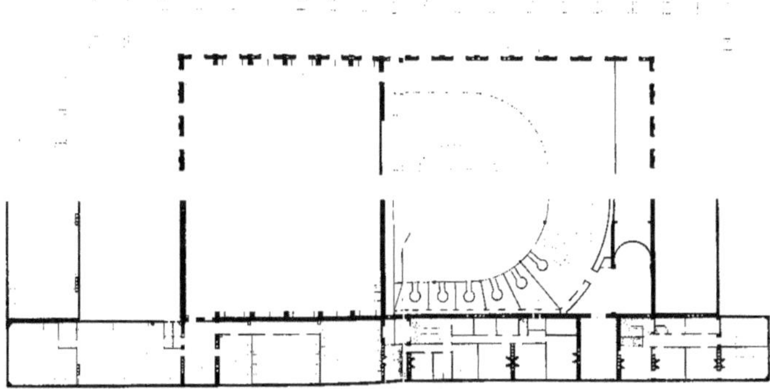

THEATRE IMPER

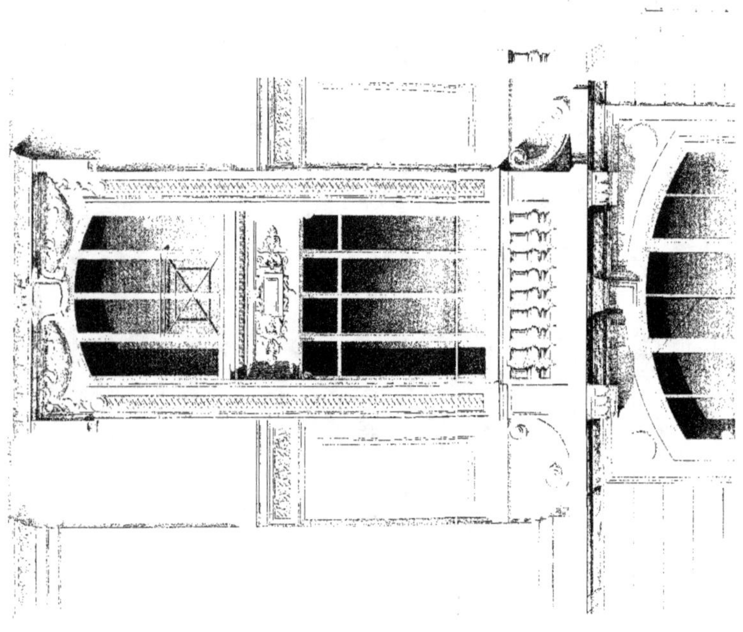

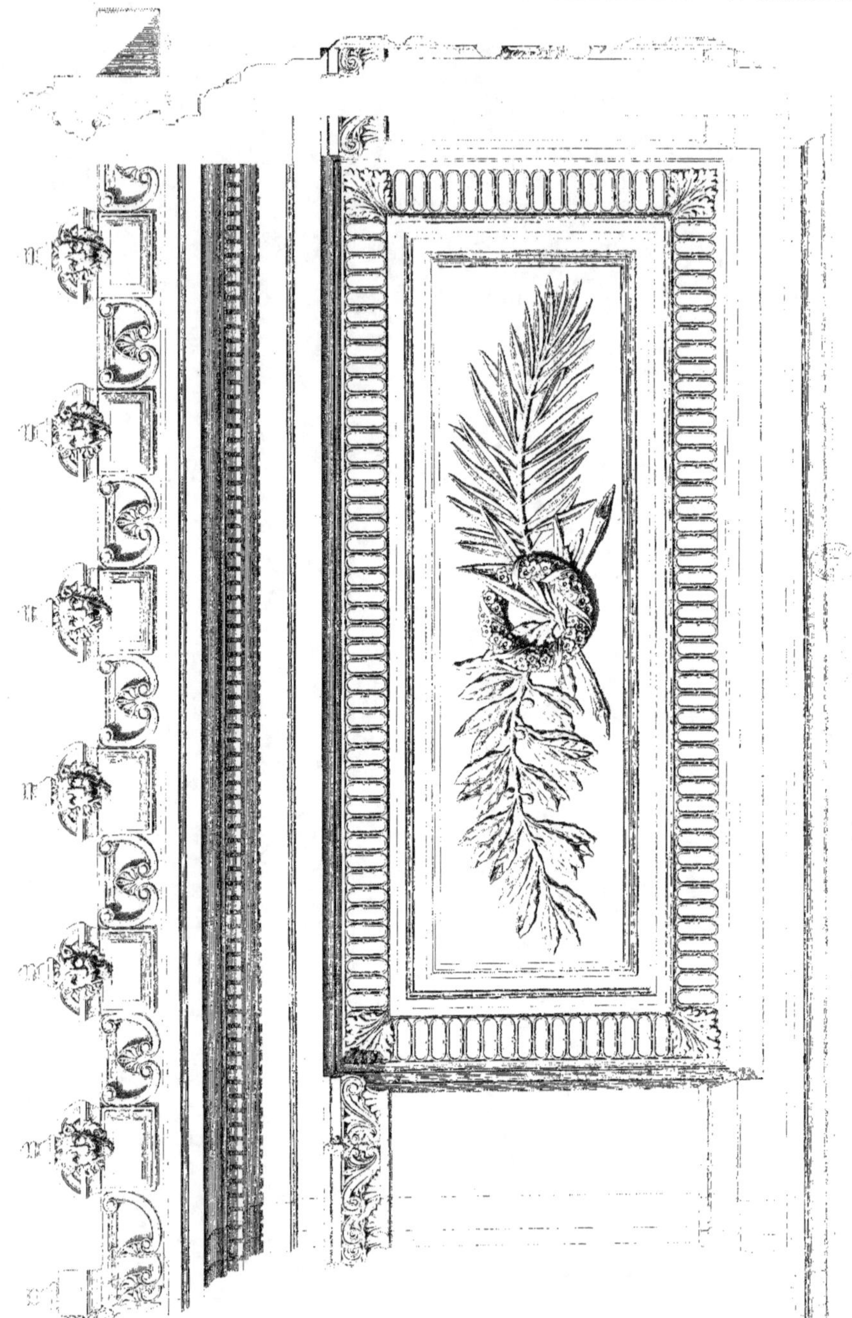

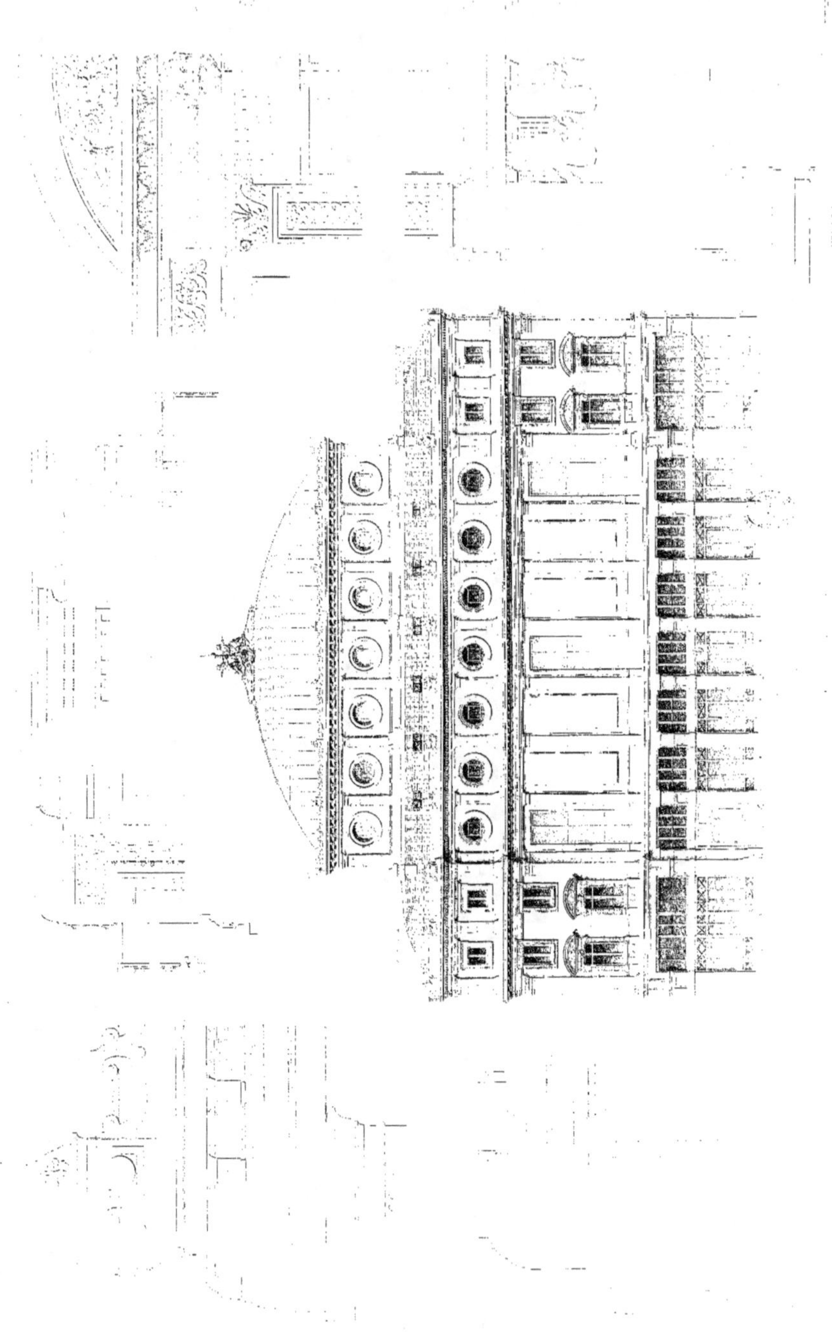

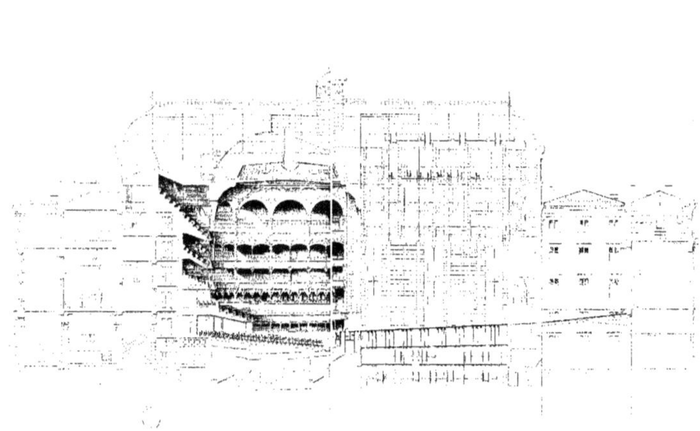

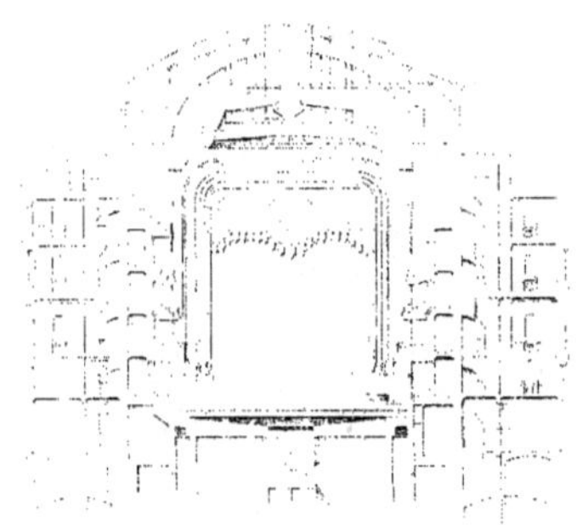

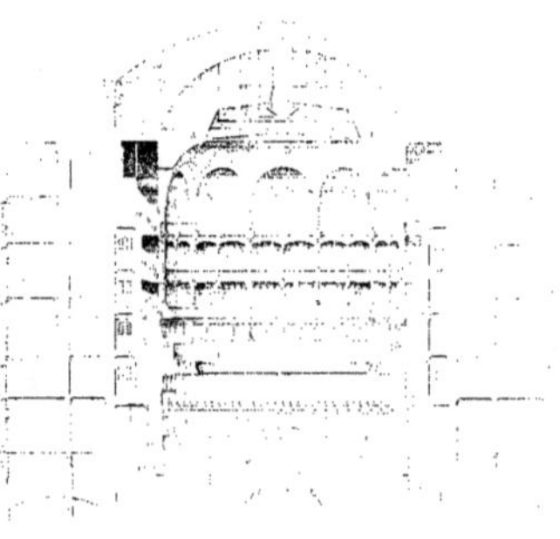

VAUDEVILLE
HISTOIRE

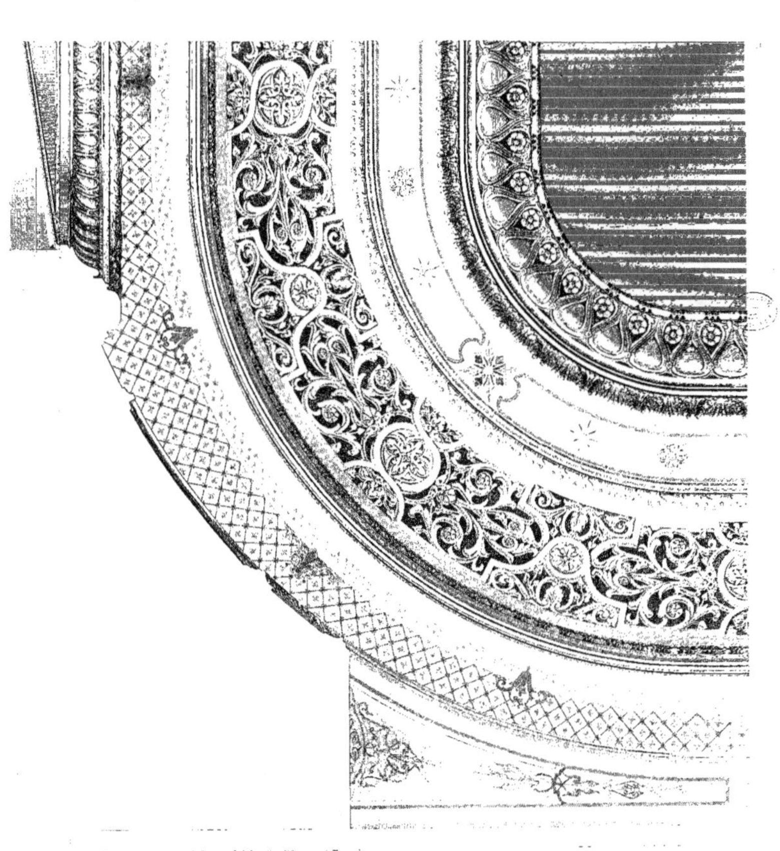

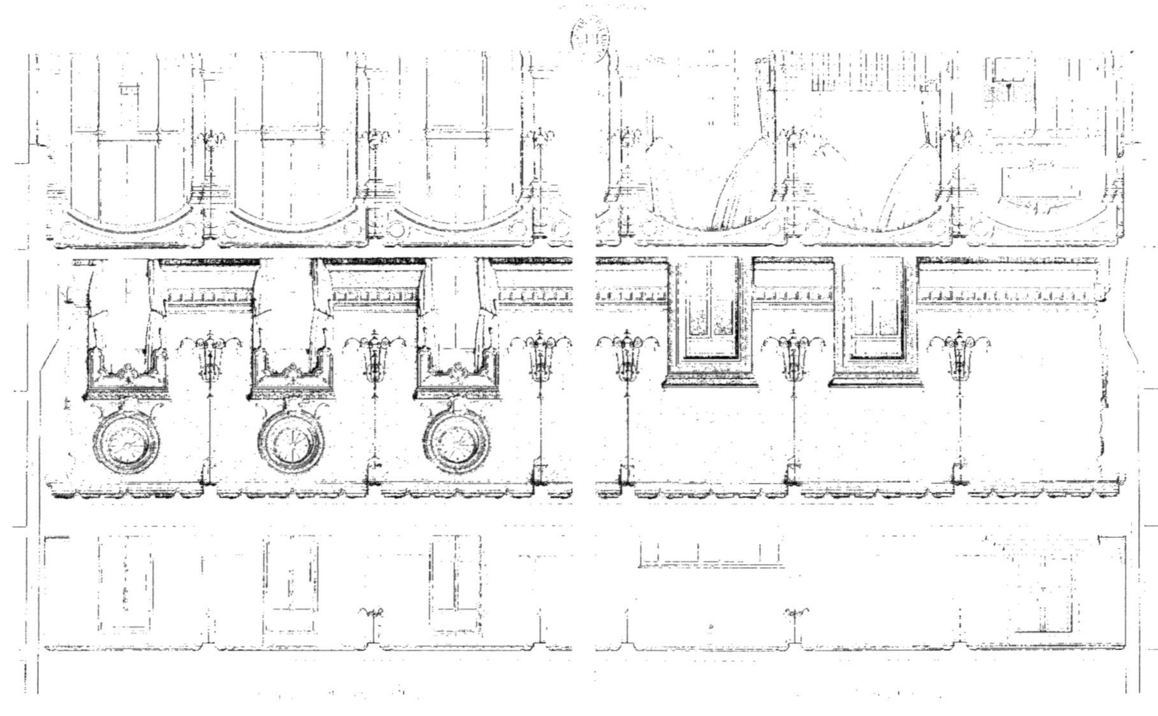

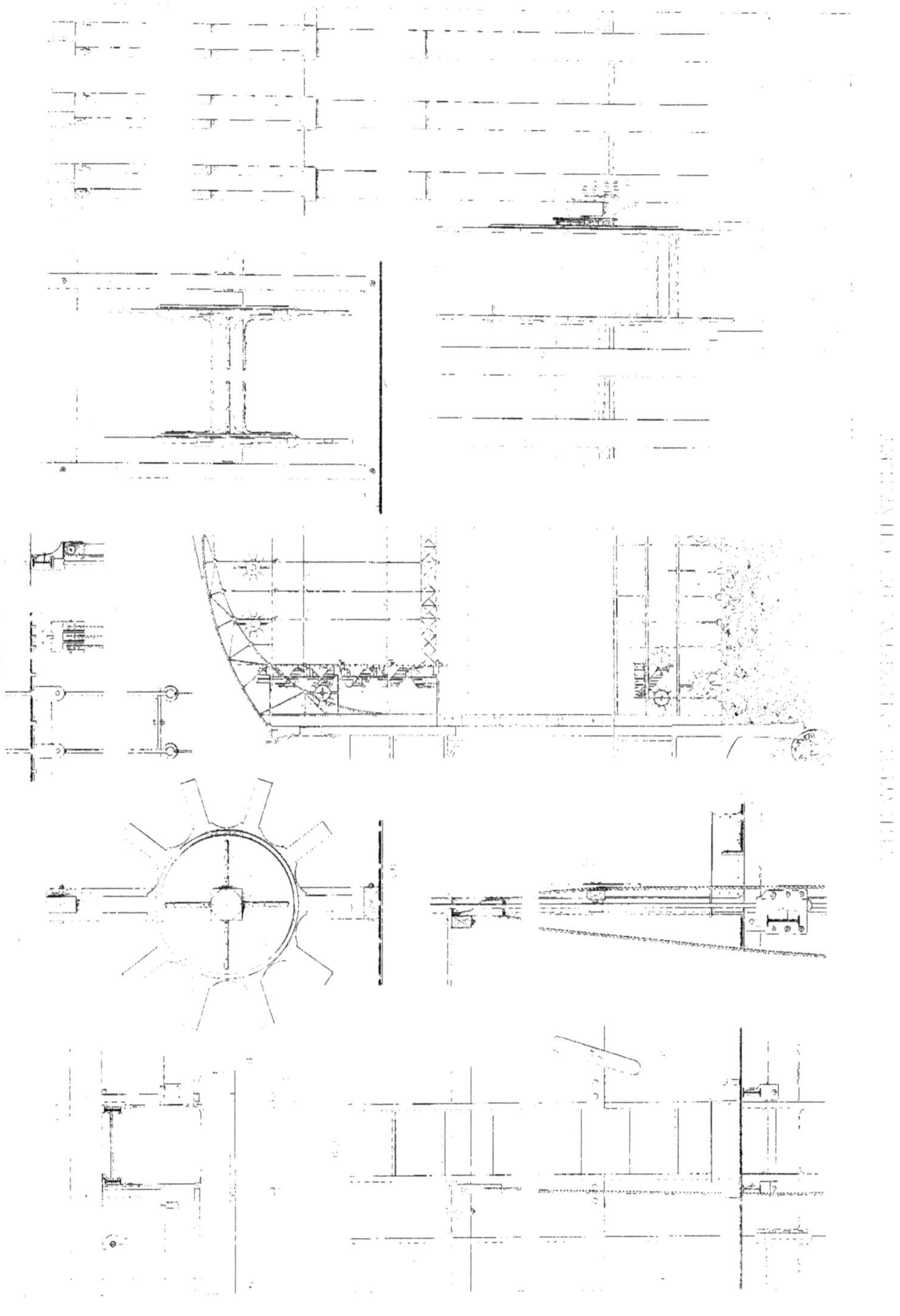

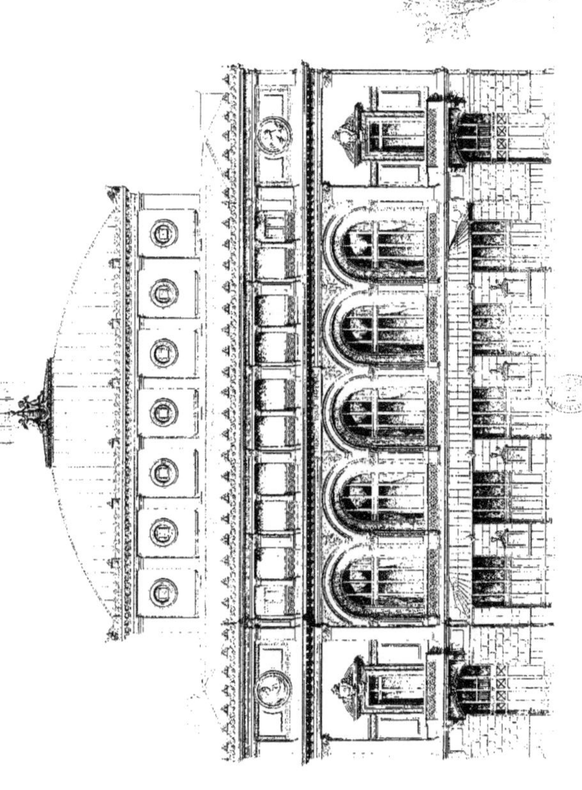

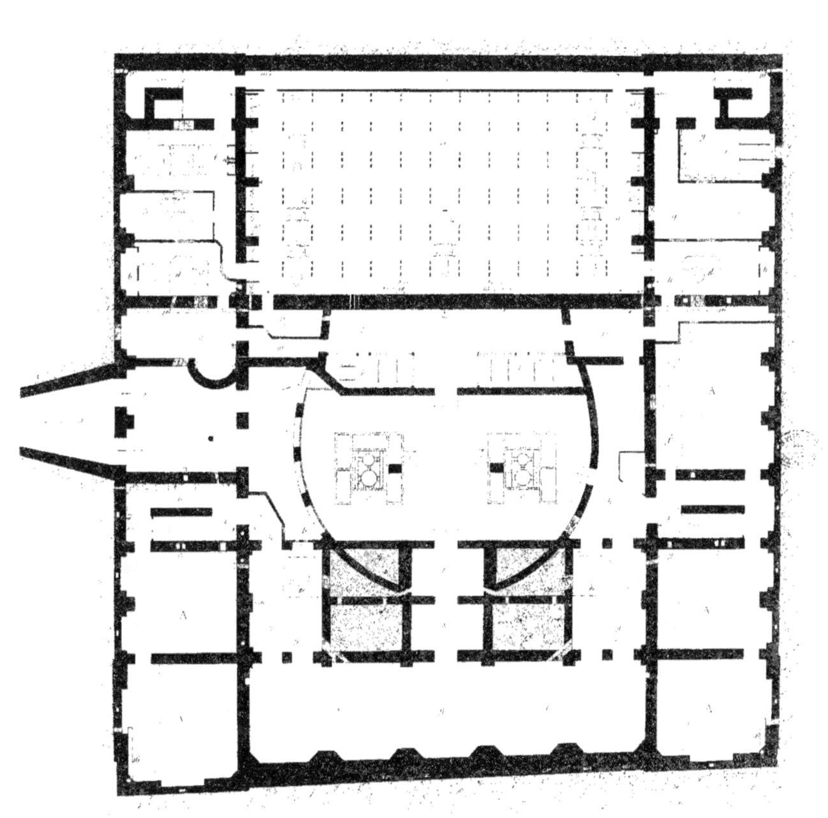

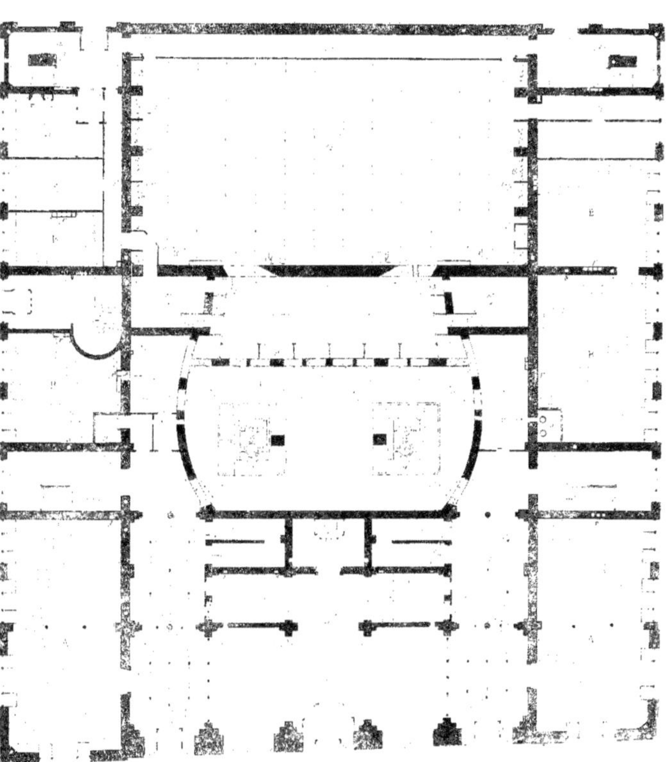

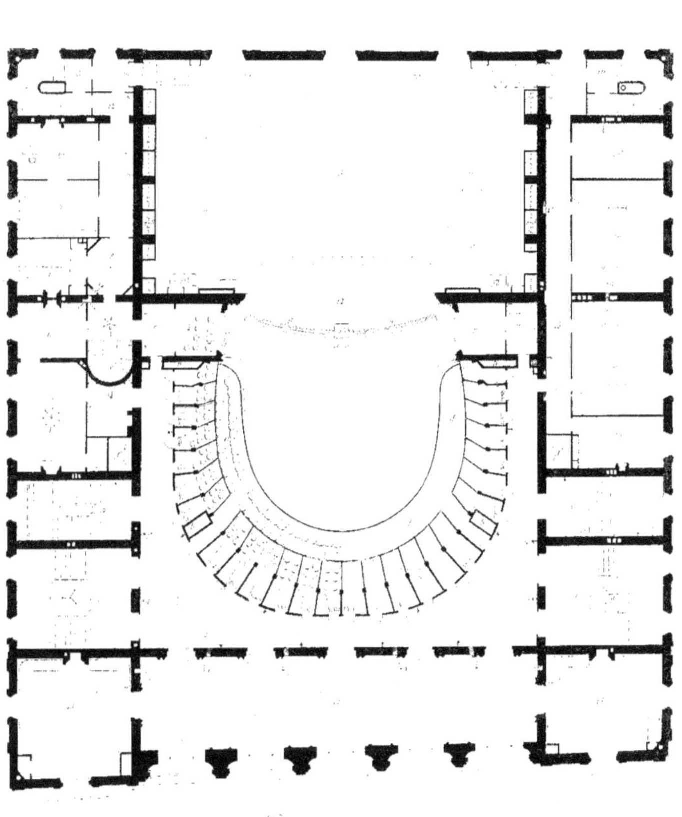

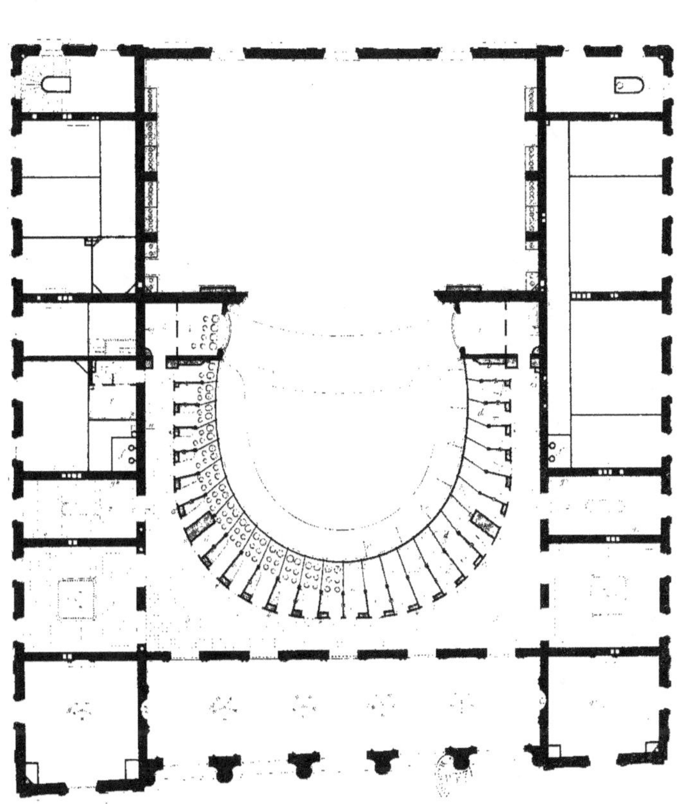

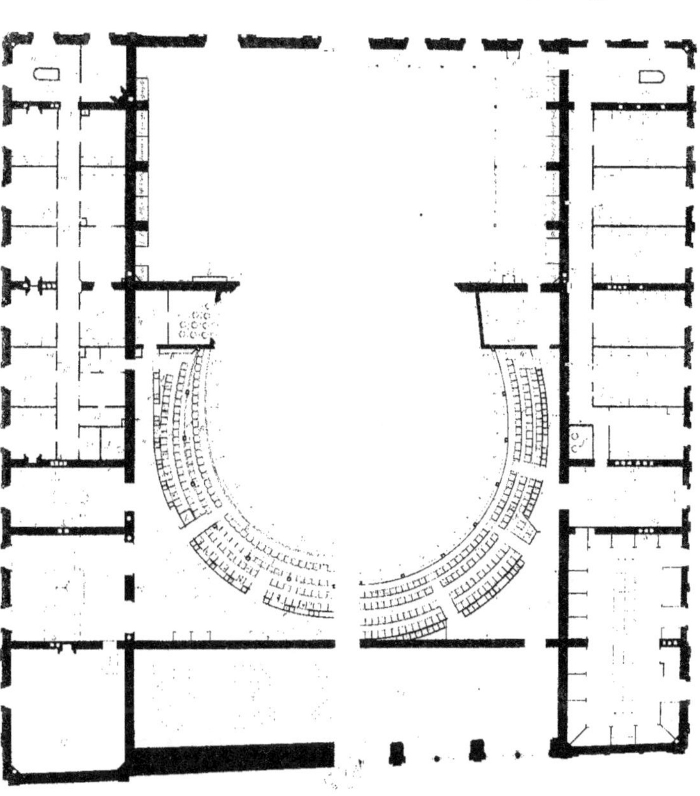

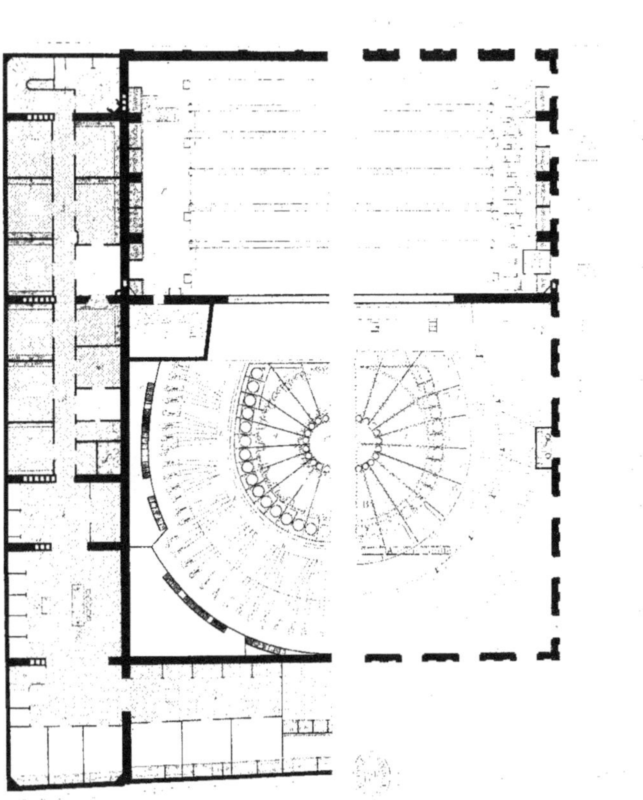

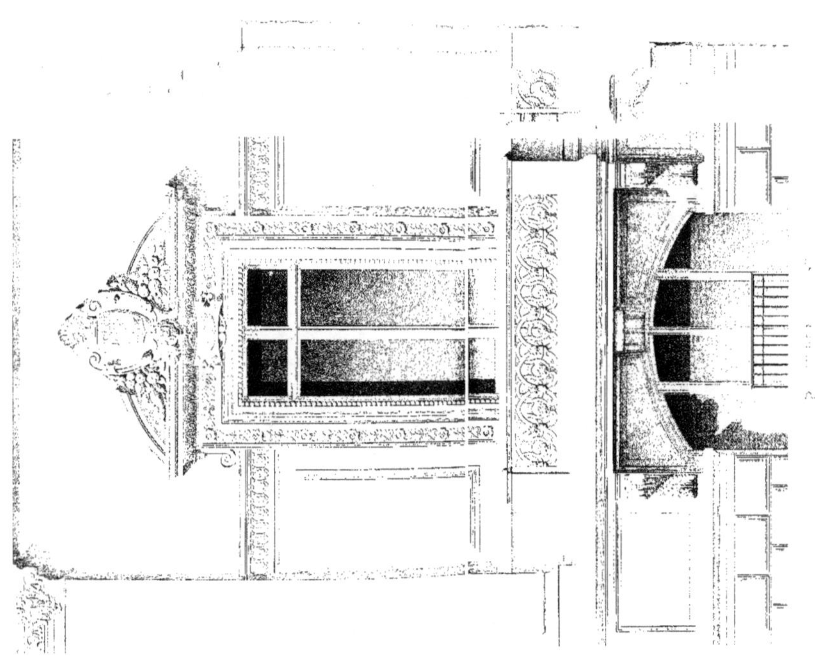

THEA

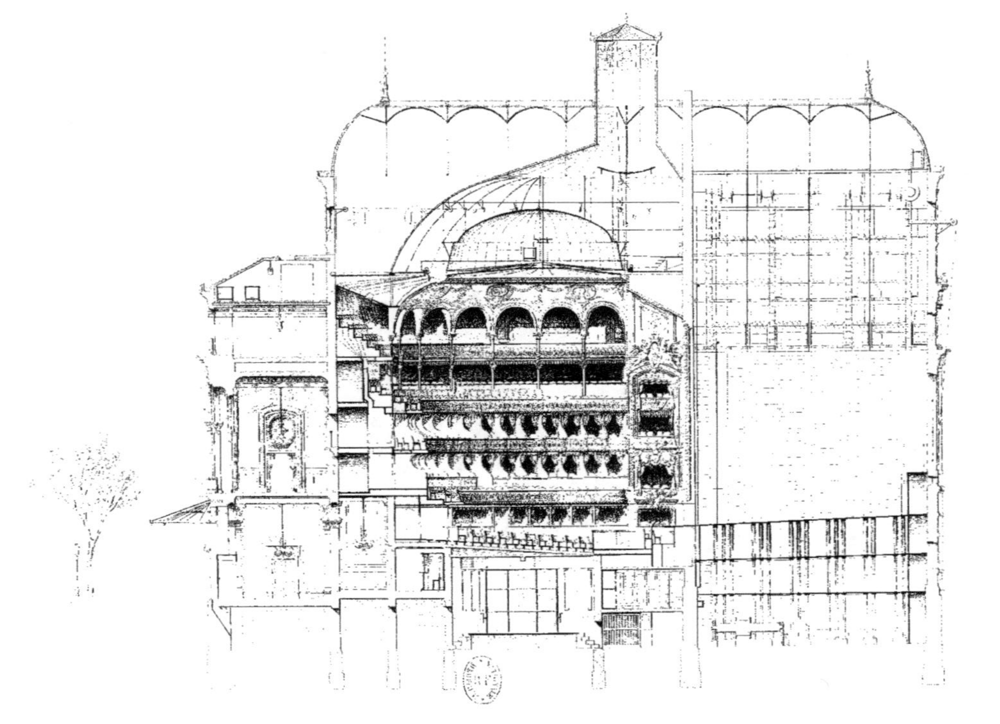

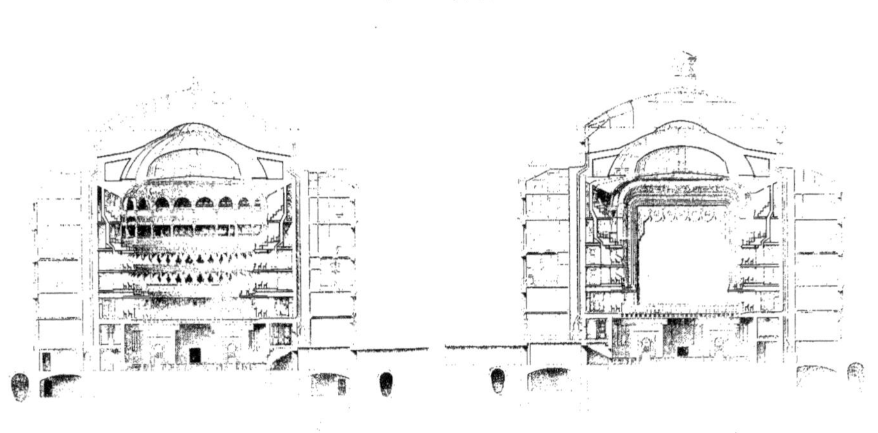

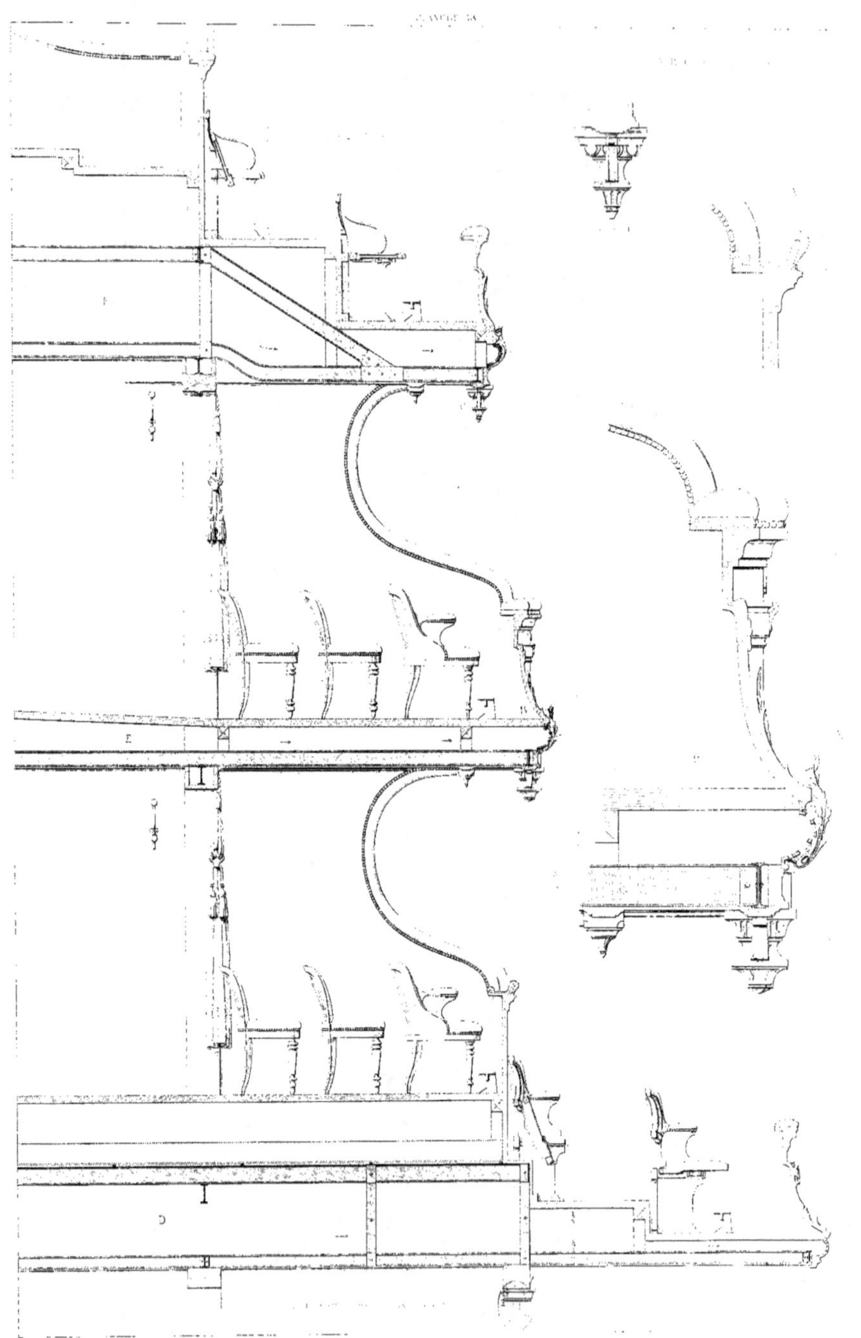

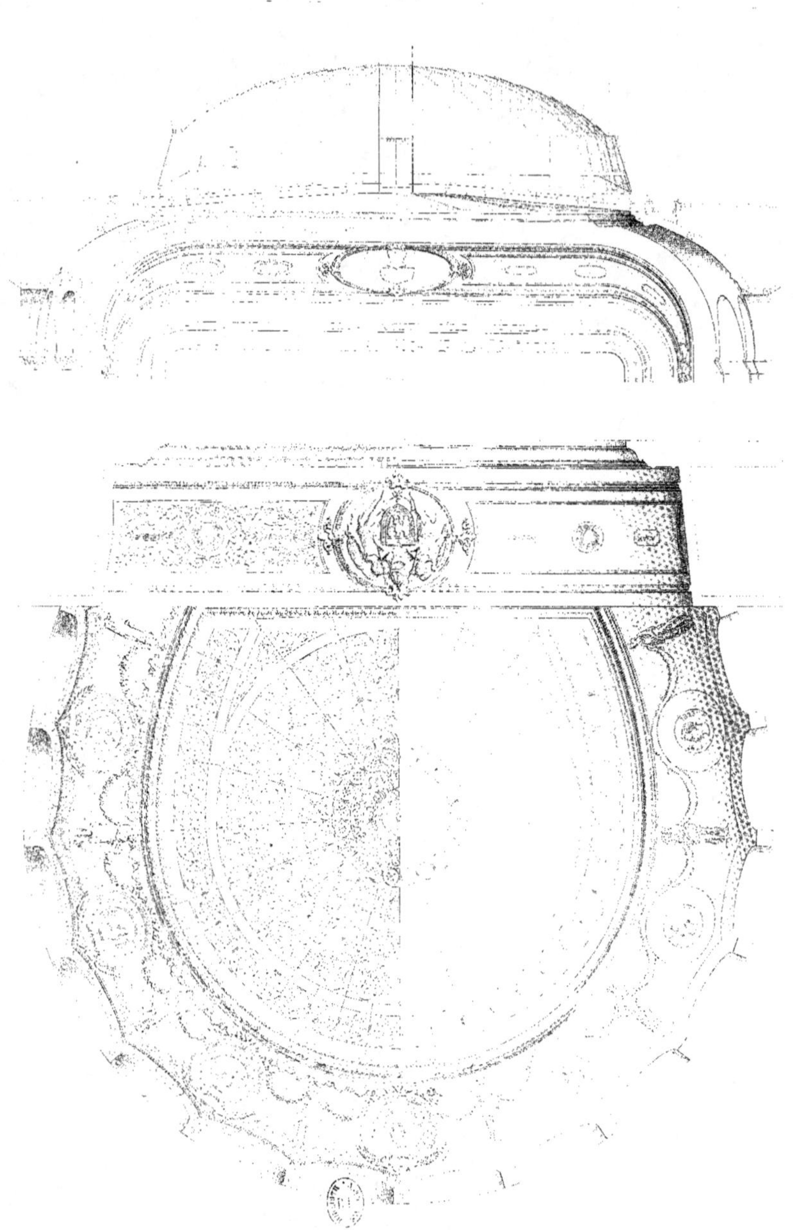

MOZART

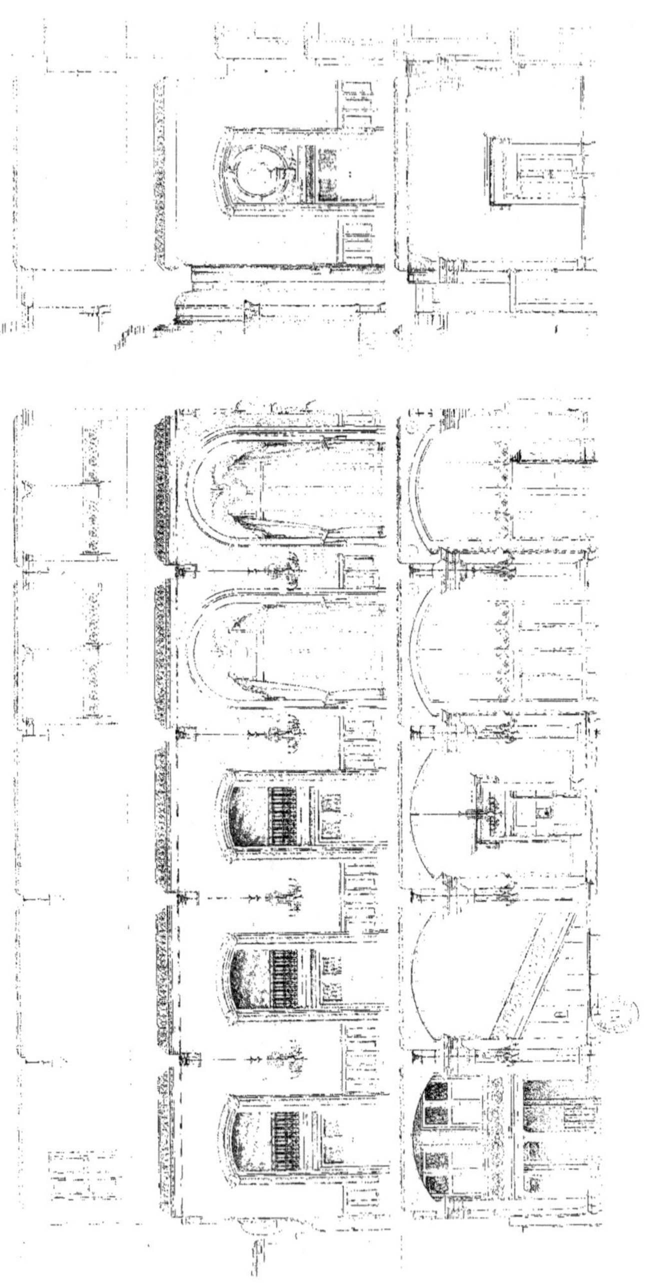

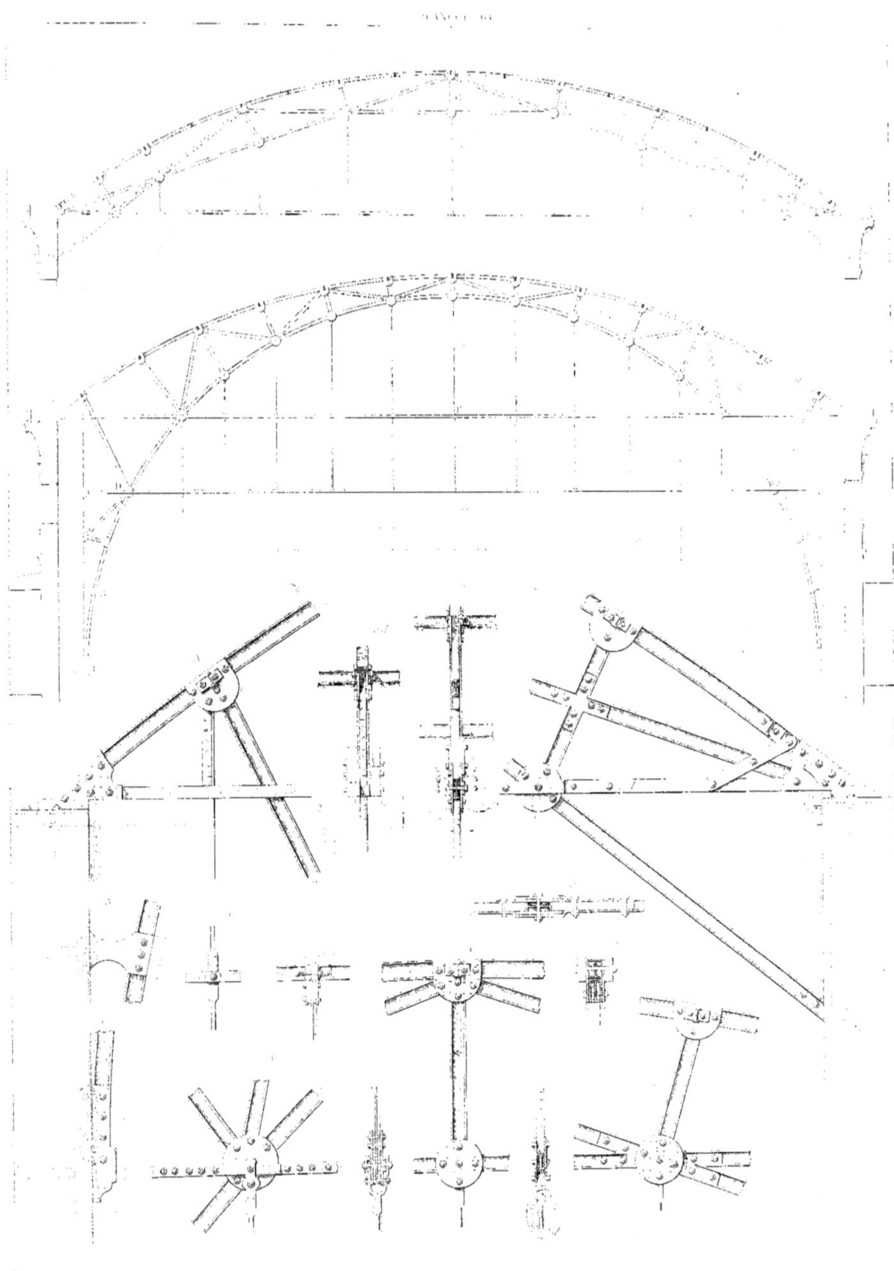